みんなに喜ばれるお寺
33実践集
これからの寺院コンセプト

〈未来の住職塾〉塾長　松本紹圭
講師　遠藤卓也

興山舎
KOHZANSHA

33

1 お墓選びを軽くするレンタル墓の新奇性
2 信頼関係が深まるお寺葬の作り方
3 弔いの機会を平等にする手作りのお寺葬
4 当たり前を見直し伝統行事をリノベーション
5 無理なく続けられる「選べる月参り」提案
6 コロナで習慣を途絶えさせない工夫とは
7 誰もが誰をも弔える「みんなのお盆法要」
8 住職自身が楽しみながら柔軟にお寺改革
9 地元のお寺として持続可能なビジョン作り
10 祈りで農家を支えるお寺を目指して
11 檀家制をとらない新しいお寺の挑戦
12 過疎地寺院でお寺サポーターと協働する
13 気軽に朝の掃除会「テンプルモーニング」
14 宿坊とブータンでお寺独自の〝旗を揚げる〟
15 お寺本来の役割を体現「介護者カフェ活動」
16 近隣寺院で連携し地域のお寺ファンとつながる
17 お寺を開く秘訣は自らが外へ出てつながること
18 お寺の社会貢献活動が地域を元気にする
19 お寺の「ある」と社会の「ない」をつなげる
20 僧侶グループの法人化が地域連携を早める
21 料理の腕を活かし各地でファンを増やす
22 僧侶派遣サービス企業で見えたお寺の本質
23 僧侶の起業が超高齢化社会の一助となる
24 コロナ禍のお寺支援サイト「布教使.com」
25 社会課題に向き合う「テラエナジーでんき」
26 シェアオフィスとラジオ体操が地域を結ぶ
27 住職の多様な〝顔〟を活かして地域に関わる
28 長期思考で地域に信用のインフラを作る
29 オンラインでもお寺の縁側のような場づくり
30 YouTube 法話が新しい自己研鑽の場に
31 土地に縛られない学び場「B ラーニング」
32 お寺同士が本音でつながる「てらつな研修会」
33 寺院運営の型をときほぐす「未来の住職塾」

はじめに――日本のお寺は二階建て論

日本の伝統仏教は、長い時間をかけて独自の発展を遂げてきました。「先祖供養」という要素が、宗派を超えた役割として受け継がれてきたのもその特徴といえるでしょう。同時に、仏教を広く社会に開き、人々の学びや交流の場所として、更には人生の拠り所の一つとして、今を生きる人に抜苦与楽や三施を施すことも、この混迷する時代において、改めて求められています。

国を超えて伝統仏教の世界観や哲学への関心が高まる中、私はこれまで、近代日本のお寺の機能について「日本のお寺は二階建て」という比喩表現を用いて『未来の住職塾』など主にお寺の関係者の方々に向けて話してきました。

簡単に概要を説明すると、一階は死者を弔う空間として、葬送をはじめ「先祖供養」を担います。その二階にあるのは、今を生きる人々の「仏道」空間です。

日本のお寺は、江戸時代に導入された寺請制度の流れを受けて、今なお血縁（イエ）がベースの檀家制によって成り立っています。家系に継承されることがほとんどで、お寺の一階は、そうした檀家の法事・法要を執り行い、主に家系に連なる先祖代々を供養し尊びます。二階は、いかに生きるかを問いながら、人生の気づきや学びを求める人々が集うサンガスペースともいえるでしょう。最近では、檀家の方々の暮らしをケアする社会福祉的な役割を担うお寺や住職も増えています。大きく分けて、お寺はこうした二つの機能を果たしながら、経済的には主にその一階に支えられて運営維持しているのが実情です。

ここに、時として一階と二階に分断が生まれたり、社会のニーズとの間にズレが生じて、うまく機能しないまま疲弊してしまうということも、多くのお寺で起きていることではないでしょうか。時代の過渡期にあって、ある意味では避けようのない、当然のことかもしれません。従来の慣れ親しんだあり方を、仏教界全体で更新していく機縁をいただいているようでもあります。

昨今、檀家制の土台を成す「イエ」の概念自体が揺るぎはじめ、家族のあり方や血縁による世代間の結びつきは大きく変化しています。親戚一族や義理による関係性が希薄化する傾向にある中で、一人の人の死と葬送にまつわる価値観も転換期を迎えています。

更には、世界的にみても、人々の関心は特定の宗祖や教義への信仰より、開かれたスピリチュアリティに向けられており、そこにあるのは固定的であることが望まれる所属より、変わりゆく自他に応じて変容可能な状態にこそ、いのちの豊かさを感じる感性であり、価値観です。こうした時代性を映すようにして、自らのありようを問い直す人々が、いわゆるマインドフルネスの文脈からも、今まで以上に仏教との出逢いを求めてお寺の二階へ訪れています。

これからのお寺の継承を考えるとき、その存続において、従来の「イエ × 所属」をベースとした檀家制に基づく仕組み自体が、限界を迎えようとしているのは明白です。

私の「二階建て論」は、役割を整理して思考するためのツールに他なりません。今、お寺が担うすべての要素は、これまでの先人たちがそれぞれの時代に応えながら果たされ、継がれてきた遺産です。

お寺を護持することは、仏法僧の三宝が整う聖地の護持を意味します。ここで大事なことは、一階と二階、そしてお寺を在らしめる環境（地域社会）が、それぞれの振る舞いの奥でつながり合い、お寺に響く鼓動の中に三宝があらわれているということです。まさに仏教自身が「縁起＝すべてのものは相依って成る」と説くように、互いに相依りながら現前する仏法の器こそがお寺であって、住職のみなさまは、その根源的な一端を生きておられる。自らを固定せず、ぜひ、ダイナミックに、躍動的にあって欲しいと思います。

最近、私が翻訳出版に携わった書籍『グッド・アンセスター』は、私たちが「よき祖先」となるために、未来世代のために何をすべきか？　を問うています。それに対して仏教は、こう応答します。広大に広がる過去の祖先へと手向ける弔いは、未来を未知なるままに回向して、「今、ここ」に確かに感じる触れ合う両手の内に収まるのだと。

二〇二一年秋

松本紹圭

みんなに喜ばれるお寺33実践集

これからの寺院コンセプト

目次

第2部　これからの時代の僧侶の役割……129

1　起業・兼業・社会貢献をする僧侶

第3部　みんなに喜ばれるお寺になるために……225

遠藤卓也

第4部　これからの寺院コンセプト12Point——松本紹圭のテンプルゼミ

装丁　長谷川葉月

一般社団法人「未来の住職塾」
松本紹圭塾長と遠藤卓也講師が
33カ寺の実践者に話を聞きます

松本 紹圭

遠藤 卓也

第1部　これからの時代のお寺の役割

1　仏事・伝統行事のイノベーション

実践 1　お墓選びを軽くする レンタル墓の 新奇性

埼玉県浄土真宗本願寺派西照寺副住職

網代 豊和

あじろ・とよかず　1976(昭和51)年埼玉県生まれ。龍谷大学大学院文学研究科真宗学専攻博士課程単位取得満期退学。未来の住職塾卒業生。教誨師。埼玉県東松山市浄土真宗本願寺派西照寺副住職。

お墓が売れなくなった訳を考えた

松本紹圭　戦後、日本は劇的に変化をして、生活全般が昔とずいぶん変わってきました。かつて生活の中に当たり前にあったものが消えつつあります。それを「今まで通り大事にしなさい」と言っても無理でしょう。しかし、その良さを新しい形で示せれば、興味を持つ人もいるかもしれない。押し付けではない形で、生活習慣の中にどう組み入れてもらうか。「レンタル墓」というお墓の新しいあり方も、その試みの一つだと思います。

網代豊和師　以前、未来の住職塾で生活者中心の発想法を学び、目から鱗でした。ちょうどその頃、お墓が売れなくなってきていて「なぜ売れないのか」と悩んでいたんです。一方で、「遺骨を預かってほしい」という声が複数あり、「なぜお墓を買わずに、預けたいと思うのか」が疑問でした。事務を担当していた私の妹を通して「ずっとここに住んでいるか分からない」「家の跡継ぎがおらず、お墓を買ってもいずれ絶えちゃう」「本当はお墓を買いたいがお金が間に合わない」といった声が聞こえてきました。

松本　そんな悩みの声を解決できるお墓はないかと考えて生まれたのが、このレンタル墓ですね。未来の住職塾で学んだこと、時代の変化からご自身で感じたこと、そして妹さんを通じて相談者から直接聞いたこと、そういう点と点がつながってアイデアが生まれたものだと理解しました。実際の形にするまでのステップはどうでしたか？

網代師　どうやったら実現できるのか、私と妹と父（網代正和住職、七十二歳）とで一緒に煮詰めました。専門家にも相談し、悩みながら打開策を見つけて、アイデアが生まれてから三カ月で形にしました。

イメージしやすいよう、まずサンプルを建てたんですね。しかし、それ単体ではさほど利益を生み出せる形態ではないため、広告宣伝費が出せません。

網代豊和副住職

宣伝は、お寺のウェブサイトに載せたくらいです。その後の反響は、週刊誌やテレビなどマスメディアが面白そうだからと取り上げてくれました。そんな中で、二〇一三年頃から年間三〜四件くらいレンタル墓が成約するようになり、今は年に十五〜二十件ほどに積み上がっています。

選ぶ方は遺骨を大切にする人です

松本　通常のお墓は「家での相続」が基本になっており、永代使用料を払うことで永代使用権を得た墓地の上に、施主が個人で墓石を建立します。レンタル墓は、墓地も墓石もお寺の所有のものとして整備した上で、求める方に一定期間を区切って使っていただく仕組みです。

通常のお墓を「建築条件付（大抵、石材店は指定であるため）売地」、一般的な納骨堂を「分譲マンション」とするなら、レンタル墓は「戸建て賃貸」に近いかと思います。今までのお墓は永代に渡り家で継いでいくことを前提としていましたが、レンタル墓は発想を転換して、十年という時限的な利用を可能としています。

網代師　最初にお預かりする三十万円で、まずお寺が建墓します。それでも数万円は利益が確保できます。あとは毎年、二万二千円の管理費をいただきます。もし管理費の未納や音信不通が発生したら、お寺の所有物なので動かしやすいのが、お寺としてのメリットです。

十年後は更新も可能で、更新を希望されない方は、お寺の永代供養で合祀することも、持ち帰ることもできます。利用者は墓じまいにはお金はかかりませんので、お墓で遺骨を預かるイメージですね。納められた方のご法事は西照寺が勤める規約にしています。更新されずに退去したお墓を再利用するかどうかはまだ決めていません。

皆さんの感覚として「クリーニングして再利用すればいいね」という時代が来れば、そのほうがもったいないですし、再利用もあり得ます。

松本　今後、初期の成約者が十年を迎えた時に更新されるかどうか、注目しています。もし多くの利用者が十年ごとに更新し続けるとすれば、レンタル墓は、通常のお墓と事実上はほとんど変わらなくなる可能性があります。

レンタル墓の本当の功績は、お墓選びにおける意思決定を「軽くした」ことにあると思います。利用者にとって永代使用を前提とした意思決定は、重いです。

しかし、レンタル墓であれば「試しに十年、入居してみよう。賃貸方式だから、もし気に入らなければ他に移ることもできるし」という風に意思決定が軽くなります。様々な分野で広がるシェアリング文化が、お墓に取り入れられたといえるかもしれません。

網代師　あえて「レンタルでもいいから、お墓を持ちたい」と思う人は、むしろ死者を大切にする気持ちがあるんです。合祀墓や散骨など選択肢が多様化している中で、レンタル墓を選ぶ人は、お墓を一応建てるわけですから、遺骨を大事にする方なんです。普通のお墓を選ばれる方と何ら変わりなく、お墓参りもご法事も普通になさります。十年後に更新のみならず、買い取りという選択肢もあるだろうと思います。

松本　レンタル墓の真の意義は、お寺を好きになってもらうためのお見合い期間を設けたことといえそうですね。

実践 2　信頼関係が深まるお寺葬の作り方

大阪府浄土真宗系単立遍満寺住職

河野 清麿

かわの・きよまろ　1970(昭和45)年大阪府生まれ。大谷大学卒業。高野山大学別科スピリチュアルケア学科修了。大阪市西淀川区・浄土真宗系単立遍満寺住職。認定臨床宗教師。国際短編映画祭の運営に関わる。最近は「死生観」「物語」「身体性」「対話」を意識した寺院葬儀で注目。

本当の目的は檀家さんとの関係性

松本　「お寺葬」に取り組むお寺が増えています。お寺葬とは、自坊の本堂やホール、あるいは境内地の空き家等を会場として利用し、お寺の主導権の下で主に檀信徒向けに提供する葬儀です。先日、未来の住職塾の塾生の間で、大阪・遍満寺にて勉強会が開かれました。遍満寺の河野清麿住職は、地元の仲間とチームでお寺葬に取り組み成果をあげています。

河野清麿師　四年前に住職であった父（河野文麿師）が捻挫をして車椅子生活となって法事に行けなくなったことも、お寺葬に取り組んだ一つのきっかけです。

前住職は「檀家の七代前まで知っている」のが自慢の人でしたが、私が代わりに法事に行くと、知らない人ばかりなんですね。なので、一人一人の話をよく聞くようにしたら、「亡くなったあの人を思い出す」なんて感激されて、とても評判が良かった。知らなかったら聞いて、関係性を作っていけばいい。

収入を増やすこともありますが、それ以上に、檀家さんとの関係性を作ることが、私がお寺葬に取り組む大きな目的です。

松本　遍満寺のお寺葬の特徴は、とても個性的な独立した仲間のチームを作っているところです。すべてを住職の手で行うというわけでもなく、どこかの葬儀社とがっちりペアを組んで行うというわけでもなく、野辺のおくり研究会という団体、地元の花屋さん、遺体搬送専門の個人事業者さん、フリーランスの司会者さん、など「お寺葬アベンジャーズ」とでも呼べそうなチームワークが素晴らしい。

河野清麿住職。今は亡き門徒さんと共に

河野師　「俺たちは仲間」という意識で、チームの皆が同じ目線でやっています。最初はとにかく「葬儀のことを教えてください」というところから始まりました。でも、地元の葬儀社はそのノウハウが自分たちの飯のタネだから、教えてくれるわけがないんですよね。なので、少し回り道になりますが、地域の行政系のネットワークを辿っていく中で出会ったのが、野辺のおくり研究会の倉内さんです。

彼はもともと大手の葬儀社で働いていたのですが、売り上げノルマが課せられて、悲しみの中にある遺族に要らないものを売り込まなければいけないことを問題に感じて、独立したところでした。

松本　遍満寺のお寺葬の「ゆっくりと弔う」方針はいいですね。最近は「この日にやってほしい」という日時指定の依頼が増えていますが、「ゆっくり」というコンセプトであれば、お寺としても他の予定との調整がしやすくなります。

河野師　その後、月例ミーティングを重ねて、「時間をとる（ゆったりとした時間を作る）」「一緒にする（家族と一緒に作る）」「あるものでする（無理しない）」という遍満寺のお寺葬の方針を固めていきました。

並行して「お寺で葬儀、どうですか？」と檀家さんにずっと伝え続けていました。実例がないので、話だけでしたが。でも、言うだけ言っていると、ついに「やりたい」と言う人が現れました。それが二〇一七年の十月です。

松本　その後、檀家さんの中での認知度が上がってきて、最近では檀家さんの約八割が希望されるそうですね。皆さんの感想はいかがですか？

河野師　評判は上々です。「不安な時に側にいてくれた」「何をやっているのか、丁寧に説明してくれるのがいい」「遺族の話を真剣に聞いてくれて、良かった」という声が多いです。大阪人ですから初めは「なんぼ？」ってお金のことから入ってくる人もいますが（笑）。最後は「安くてよかった」という感想は出てきませんね。

件数は、むしろこれ以上は増やさないようにしています。あまり増えてしまうと、丁寧に七日参りが出来なくなるので。せいぜい月二件くらいまでじゃないと。普通の月参りだけでもいっぱいいっぱいです。

遺族のこころの側にいるために

松本　お寺葬を始める際に、多くのお寺が心配することとして、「地元の葬儀社さんとの関係が悪くなるのではないか？」ということです。葬儀の紹介が減るのではないかと、心配するんですね。

河野師　おかげさまで、父が住職として前線に立っていた時代から、地元の葬儀社に「遍満寺はめんどくさいお寺」と言われていました（笑）。なので、初めから紹介はゼロでした。

また、単立寺院で父がワンマンでしたから、周囲から何も言われなかったのも、やりやすかったです。良くも悪くも、しがらみがなかったんですね。

松本　これからお寺葬に取り組む方へお伝えしたいことを最後に。

河野師　お寺葬は目的ではなく、檀家さんと良い信頼関係を結ぶ有効な手段の一つです。僧侶が檀家から一番最初に相談される存在になるためにはどうすればいいか。

まずは、お寺に一番に相談するという関係性を作ることが大事です。その上で、お寺葬をしたいという人はすればいいし、そうでなければそれでもいい。

昔は自宅で葬儀をしていたくらいですから、お寺葬でもシンプルで十分です。遺族のこころの側にいるにはどうすればいいかを考えて、遺族と一緒にお葬式を作るつもりで、恐れることなく、とにかくやってみたらいいでしょう。

実践 3　弔いの機会を平等にする手作りのお寺葬

愛知県曹洞宗西光寺副住職
および曹洞宗満目院住職

小原 泰明

おはら・たいめい　1980(昭和55)年愛知県生まれ。駒澤大学仏教学科卒業後、曹洞宗大本山永平寺にて修行。その後愛知県第二宗務所書記、同宗務所布教師などを務める。豊橋市曹洞宗西光寺副住職。2010年に豊川市曹洞宗満目院に晋山。目下、西光寺の「酉の市」の復興に奔走中。

「お寺葬」を決意したのはなぜか？

松本　新型感染症の影響で葬儀のあり方も変化せざるを得ない状況ですが、西光寺の小原副住職は葬儀の手配・準備からすべて自坊で行う「お寺葬」を始めたと聞きました。

小原泰明師　コロナ以前より二年以上かけて構想してきましたが、二〇二〇年三月に初めて実施できました。私は修行道場からお寺に戻ってきて檀務に明け暮れる中で、現代の葬儀のあり方について疑問を持っていました。本当に遺族に寄り添えているのだろうか？　お寺や葬儀社の事情で、システム化し過ぎてしまっているのではないか？　何か革新的に変えなければいけないという思いを抱いていました。

そんな中、二年ほど前に檀家の七十代男性から電話がありました。妻の容態が悪化しているが、看病のために仕事をしていなかったので葬儀の費用が工面できないという相談でした。少しでも安価に葬儀をできるように葬儀社との交渉方法などを助言したのですが、その直後に奥様が亡くなり、結果的にちゃんとした葬儀ができませんでした。葬儀をしっかり行いたいという気持ちを持っていても、お金を持っていないという方は少なくありません。そういう方のためにも西光寺（満目院）ならではの「お寺葬」を作りたいと決意を固めました。

松本　検討にあたっては、以前、「お寺葬」のテーマで27頁に登場してくれた大阪府・遍満寺の河野清麿さんからもアドバイスをもらったそうですね。

小原師　未来の住職塾の塾生コミュニティに助言を求めたところ、河野さんはじめ多くの方からコメントをいただきました。会ったことのない方からも細かい情報を親切に教えていただき、ものすごく役立ちました。

小原泰明副住職

特に同じ曹洞宗の先輩である長谷川俊道さんから「今の僧侶は葬儀の一番大変な部分を葬儀社に丸投げして、自分たちは涼しい部屋でお茶を飲んでいるだけ。昔の住職は、ご安置や納棺・遺族の相談という大変な部分を全部やっていたから人々の尊敬を集めていたんだ」と言われ、目が覚めるような思いでした。闘魂注入ならぬ菩提心注入ですね。

松本　それは未来の住職塾をやっていてよかった、と嬉しくなるエピソードです。具体的にはどんなことに困難を感じましたか？

小原師　困難は様々ありましたが、たとえば、ご遺体の搬送は悩みました。お寺で霊柩車を所有できないか？　と考えて貨物自動車運送事業法という法律を調べたり、お寺とは別に法人を立ち上げる必要があるか？　等、検討が多岐に及びました。正直、諦めそうになる瞬間もありましたが、そのたびに奥様の葬儀をちゃんとしてあげられなかった檀家さんの顔が浮かんできて、めげそうな気持ちを奮い起こされました。周囲の人々を頼って情報を集め、最終的にはご遺体の搬送を請け負ってくれる会社を知り、依頼できることになりました。

食事・お花・引き出物などを扱う業者は、近所の幼なじみや長い付き合いの知人ばかり。彼らにひとりずつお寺葬への思いを話して賛同してもらいました。

コロナ禍のニーズとも合致する

松本　西光寺では毎年、地域を巻き込んで「酉の市」をされていますよね。その活動における人脈も活かしたというのは、素晴らしいリーダーシップです。

小原師　貸衣装の業者や近隣の銭湯、コンビニなど、ご葬儀の際に利用する可能性のある店舗マップなども自作しました。葬儀に関する知識も、今では葬儀社さん並みになってきたと思います。色々と教えてくださった皆さんのおかげです。

例えが良いかわかりませんが、葬儀社さんが提供する葬儀は高級フレンチ店のコース料理のようだと捉えています。いたれりつくせりですが、コースしか選べない。対して、私たちがやろうとしているのは、出張料理人たちが買い出しから行うオーダーメイド。流行《はや》りのお花を飾ったり、故人の好きだった和菓子を引き出物にしたり。故人のことを考えて、みんなで葬儀を作りあげられたら理想的ですよね。

松本　選択肢が広がれば「葬儀をしない・できない」という人を減らすことにもつながりますよね。実際にやってみての手ごたえはどうですか？

小原師　ご逝去の一報を受けて、搬送会社の手配、火葬場予約、霊柩車やお花の手配、死亡届提出などの打ち合わせ、遺族と一緒にご納棺などを自分で行いました。お恥ずかしい話、初めての経験ばかりでヘトヘトでした。しかし、喪主さんが通夜の後、参列の方へ「故人は、お寺が、西光寺が大好きでした。だからお寺にお願いして本堂で式をあげてもらうようにしました。本当によかったです」と仰ってくださり、安堵感が体中に満たされました。

松本　宗教者としての本分を果たしているという実感が持てますよね。これから始めようという方にアドバイスは？

小原師　西光寺は境内の駐車場が少ないこともあり、ご参列人数などが制限されます。しかし、新型感染症への対応という点においては、世の中のニーズと合致しています。プライベート感を保ちながらゆっくりと送ることができますし、本堂という空間の持つポテンシャルを最大限に発揮できるのが「お寺葬」です。やり方は個々のお寺それぞれになりますが、各寺院のノウハウを共有できるといいですよね。

私も、未来の住職塾の仲間たちに教えてもらったので、情報は惜しまずシェアしたいと考えています。

松本　未来の住職塾としても、「お寺葬」事例には注目していますので、また情報共有や学びの場を設けていきます。

1　仏事・伝統行事のイノベーション

実践 4　当たり前を見直し伝統行事をリノベーション

長崎県真宗大谷派正法寺坊守

長野 文

ながの・あや　1978(昭和53)年福岡県生まれ。国立音楽大学卒業後、東京学芸大学特専科卒業。教育現場に勤めた後、2006年に長崎県大村市の真宗大谷派正法寺の長野道英師と結婚し坊守となる。2人の息子を育てながら「坊守から始めるお寺改革」を推進して8年目。

坊守目線で小さなことからコツコツと改善

松本　長野さんのことは、私は勝手に「スーパー坊守」だと思っているのですが、その発想力や行動力はどこからきているのでしょうか？

長野文坊守　お寺に嫁ぐ前から知り合いだった松本さんが、未来の住職塾を始めたと聞き、面白そうだと思って参加しました。そこで学んだ「受け手目線」を活かしながら、まずはお寺のリーフレットやお便りを改善しました。

たとえば出欠を知らせてもらう必要がある周知を、返信用ハガキ付き仕様に変えてみたり、寺報も目的を設定した記事作りを心がけました。当時、私が関われるのは紙モノの分野だったので、まずはそこから……。

松本　「台所奉仕カード」も始めましたよね。

長野坊守　うちのお寺ではコロナ禍の前までは法要後のお斎《とき》づくりを門徒さんにお願いしていましたが、そのつど、必死になって引き受けてくれる方を探していました。そこで「登録カード」を作って登録制にしてみたんです（コロナ禍でお斎づくりは中断していますが収束したら再開するつもりです）。そうしたら、現在までに五十名以上の方が登録してくださり、電話をかければ協力していただけるようになりました。さらに今では、自ら手を挙げてくださる状況に進みつつあります。こういうカードがあると、役割を意識されるのではないでしょうか。地域ごとに声をかけあって、車に乗り合いして来てくださることもあります。

松本　みんなでお寺のキッチンを共にされているのですね。

長野坊守　女性たちを中心に、地域のつながりをつなぎ直すような役割も果たしているかもしれません。実は、女性部の集まりも長年の課題でした。

長野文坊守

親鸞聖人の月命日である毎月二十八日に「学習会」をやっていたのですが、堅苦しい雰囲気となっていたせいか、どんどん参加者が減ってしまって、二〇一九年は参加者が一名の時もあって「もう駄目だな」と思いながら悩んでいました。でも五十年くらい続いている会なので、やめるわけにもいかないですし。

お寺での活動を日々の生活に活かしてほしい

長野坊守　以前から、真宗のお寺で身体性のあることをやってみたいと思っていました。真宗は「身体性が少ない」と言われることがあります。確かに、禅宗の坐禅や密教のお遍路のような身体性を伴う行はありません。しかし「仏事に向かうこと」に身体性がないわけがないんですよね。たとえば花を活けることや、数々の作法、仏具を磨くこと、先ほどのお斎づくり等、それぞれ場を整えていくわけですから。そういった、お寺で当たり前のことを、みんなで一つずつ確認しながら、改めてやってみようということから思いついたのが「行いがわたしを導く時間」という催しです。毎月二十八日に行います。

松本　二十八日は女性部の学習会を行っていた日ですね？

長野坊守　うちは比較的に法要や行事の多いお寺なので、新しい企画を増やすことに気が引けていました。でも、今までの二十八日の学習会を変えればいいんだ！　という転換がよかったのかなと思います。親鸞聖人の祥月命日である「報恩講」の日に集い、まずは正信偈のお勤めや解説などを行います。後半は皆でお花を活けたり、作法を学んだり、仏具を磨いたり、身体性の伴う仏事を、寺族を講師に学び、実際に丁寧に行います。コロナ禍でも続けていて、二〇二一年は新しい企画として、手作りのハスの花を作る「ハスワーク」をやりました。「台所奉仕カード」の方たちも来られています。

松本　カード登録はお寺に対して前向きな気持ちのある人の「見える化」をしたとも捉えられますね。その人たちを信じられるから、新しい挑戦ができる。参加型の催しになったのもいいですね。自分ごととして捉えてもらえます。これまでの学習会の意味合いと、根底に流れる思いは変わっていないのですが、やっていたことを捉え直して、見せ方を変えたということですね。「受け手目線」が活かされています。

長野坊守　料理研究家の土井善晴先生が、「一汁一菜でよい」という提案をされています。今は毎日でもご馳走のような料理が食卓に並ぶ時代なので、日常と非日常の区別がつきにくくなっています。本来、家庭料理はご飯と旬のものを使ったみそ汁だけでもよいから、それを徹底的に繰り返しなさいということを言われています。そうすることでハレの日が明確になるし、女性も「何を作ろう？」の悩みが減ります。余裕がある日にもう一品を作ればいいんです。土井先生の提案のように、自分たちの生活に整理をつけるために、仏事も役立つと思います。

たとえば、お寺のお飾りにしても「打敷を敷く」「五具足にする」等、日常と非日常の区別があらわれています。「行いがわたしを導く時間」に参加することで「ハレとケ」の違いを知り、生活を見直すきっかけにしてほしいと願っています。

松本　お寺の人が、いわば「生活のファシリテーター（良い会話へと導く進行役）」になるということでしょうね。

長野坊守　私ほんと「坊守さんファシリテーター化計画」をしたいんですよね！　坊守さんには色々な技術をもった方がいらっしゃいますよね。お寺の中でも、手紙の書き方や花の生け方、お茶の出し方等、一冊の本が書けそうなくらいの多様なスキルが必要です。たくさんの仕事をしているのに、みんなが曖昧な立場の中で働くから苦しくなってしまう気がしていて。

松本　自己肯定感を持ちにくいですよね。たとえば、一般企業のＣＥＯのように、役割を反映した肩書を持てたら少し意識が変わるかもしれません。

長野坊守　私も何か肩書を考えてみます！

松本　長野さんのこの気軽さや明るさで、全国の悩める坊守さんを盛り上げていってほしいです！

1　仏事・伝統行事のイノベーション

実践 5　無理なく続けられる「選べる月参り」提案

静岡県真宗大谷派正蓮寺住職
(認) しょうれんじこども園園長
渡邉 元浄

わたなべ・げんじょう　1980(昭和55)年静岡県生まれ。大谷大学真宗学科卒業。在学中に住職の師父が遷化され2003年に静岡県伊豆の国市の真宗大谷派正蓮寺住職を継承。また社会福祉法人しょうれんじこども園の理事長兼園長。時代のニーズに合わせた仏事の創造と実践に奮闘中。

コロナが起きて全檀家に電話した

松本　新型コロナウイルス感染症による緊急事態宣言が出された際、すべての檀家さんに電話をかけて一人ひとりとお話ししようとされたと聞きました。

渡邉元浄師　認定こども園も経営しているので、感染拡大防止対策などで頭がいっぱいになっていました。しかしふと立ち止まってよく考えてみたら、過去から現在まで長らくお寺を支えてくださっている方たちへの対応をと気づき、お見舞いの電話をかけることにしました。基本的には安否確認と世間話です。「用はないけどお声を聞こうと思いまして」「調子はどうです？眠れてます？」とか。やはり肉声で伝えることが大事かなと。

松本　こども園と兼業しながら、百軒以上あるすべての檀家さんに電話をかけるのは、私にはなかなか真似できません。どんな思いがあったのでしょうか？

渡邉師　先代である父が五十二歳で亡くなり、私は二十二歳で住職になりました。檀家さんとお話ししていると「先代住職とは飲み屋でよく会って、おごってくれたよ」とか「先々代はうちによく碁を打ちにきていたのよ。だからうちのおじいさんもよくお寺に行っていたわ」と教えていただくことがありました。伊豆はあまり月参りの風習がないため、なるべく外に出て地域の人たちと交流していたのだと思います。顔を見て、声色を聴き、お茶を飲み、聞法する習慣を作りたかったのではと。お寺に来てほしかったら、まずは住職自ら出ていくという気持ちがあったのでしょうね。一方で、私が住職になってからは幼稚園・保育園の制度改正等に伴って管理業務が増え、なかなか外に出られなくなってしまいました。お寺に足を運んでもらえるように朝市やヨガ、音楽会などを実施しましたが、一対多の一方的なコミュニケーションにしかなりませんでした。一対一、かつ双方向であることが大事と分かってはいるものの、その時間を作れずにいました。

渡邉元浄住職

松本　しかし園長と住職を兼業しながら、よくやられているなあといつも感心しています。たとえば、有縁の方々に毎月送っている伝道はがきに直筆メッセージを添えたりして。

渡邉師　先々代の頃から四十年以上続く取り組みで、二〇二〇年八月で五百五十号を迎えます。私は続けさせていただいているだけです。「日に一度はお内仏へ　月に一度は菩提寺へ　年に一度はご本寺（ご本山）へ」という言葉がありますが、伝道はがきは月に一度お寺がご家庭に訪問するイメージです。はがきフレームを差し上げて、お仏壇や玄関に添えていただいたり、どうにかして毎月一度仏様のことを思って欲しいのです。本当は月参りを始めたいのですが、精一杯の一対一コミュニケーションと思って続けています。

松本　伝道はがきの事例は、未来の住職塾でも参考にされることが多いです。

渡邉師　他の住職さんから「月参りがないから時間に余裕がありますよね」と言われることがありますが、自分としてはそれにあぐらをかいて檀家さんを置き去りにしているような気分で、申し訳なく、恥ずかしく思っていました。お寺と縁のある方を仏法に導いていくために、私も有機的な月参りを始めたいのです。四百年続いてきたお寺ですから、せめて今後百年は持続可能な計画としたい。しかし兼業だと時間が厳しいですね。

松本　自分自身に余裕がないと、どんなことでも継続が難しいですよね。

渡邉師　伊豆は晦日盆が多く各家庭にお参りしていますが、数年前まで三日間で約百二十軒を一人で回っていました。多い日は一日休憩なしの十時間で五十軒ですので、一軒あたり十二分

（移動時間込み）なんです。時計を気にしながらお経を読み、「次があるから」と話を切るのはもうやめたいと思っていました。そこで考えだした解決策が、お参り期間を前倒しして四日間にすることでした。長らくの慣習を変えることですから、もちろん反発もありました。そういう方には日にちと時間が変わらないように配慮をさせていただきました。すると一軒あたり十五分とれるようになり、三分間は相手のお話を聴けるようになったのです。おかげで余裕をもつことができました。

松本　まさにタイムマネジメントですね。「数をこなす」という目的ではなく、ちゃんと時間を使って「丁寧にやる」ための調整は、今すごく大切だと思います。

電話で月参りもいいかもしれない

渡邉師　月参りもすべての檀家さんに行うのは難しい状況ですが、望んでくれる方だけを対象と捉えれば話は変わってきます。たとえば毎月ではなく二カ月に一回、または季節に一回にするとか、七回忌までのお家に訪問させていただくとか。いくつかの選択肢から自由に選べるようにすれば、お互いに無理ない形で継続できると考えています。祖父が敬愛していたリンカーンの「できると決断しなさい。方法などは後から見つければいいのだ」という言葉を胸に、やると決めました。

松本　電話での月参りはどうですか？

渡邉師　それもひとつの選択肢としてありだと思っていました。インターネットはまだ使えない方が多いですしね。しかし正蓮寺の檀家さんには黒電話を使っている方もいるので、電話の音声がお仏壇から聞こえるようにするくらいの技術革新は必要かもしれませんが。

松本　そのイノベーションは月参りを変えますね（笑）。

渡邉師　仕事環境はITでどんどん便利にしていったほうがいいと思っていますが、コミュニケーションはなるべくアナログがいいです。これからも時折、檀家さんにお電話しようと思っています。お寺からのメッセージはどうしても手紙で「檀家さんの皆さんへ」となってしまいますが、「もしもし○○さん！　調子どう？」「いやあ何とか生きてるよ！」。そこから始まるものがあると思っています。

松本　渡邉さんが秘めている熱い思いがよく感じられました。そのアイデア力で、みんなが嬉しく続けられる月参りを開発してください！

1　仏事・伝統行事のイノベーション

実践 6　コロナで習慣を途絶えさせない工夫とは

神奈川県日蓮宗妙法寺住職
一般社団法人みんなの仏教代表理事

久住 謙昭

くすみ・けんしょう　1976(昭和51)年神奈川県生まれ。立正大学大学院文学研究科修士課程修了。亡き父師を継ぎ31歳で横浜市妙法寺47世として晋住。一般社団法人みんなの仏教代表理事他。エイジングノート『いのちに合掌』をプロデュースし終活教化にも尽力中。

行くか行かないかは寺で決めた訳

松本　妙法寺では、このコロナ禍で、お盆の棚経を中止にして、毎年約八百名が参加していた合同法要もインターネット法要に変更されたそうですね。オンライン化の取り組みはテレビでも取り上げられていましたね。

久住謙昭師　棚経を中止する代わりに八月六日から十六日までの間、好きなタイミングでお寺へお参りいただくことにしました。密にならないように一家族ごとにご供養の読経を個別に行い、卒塔婆をお渡ししました。

松本　たとえるならば、デリバリー方式をテイクアウト方式に変更したということですね。妙法寺は檀家さんも多いので忙しいお盆だったかと思います。

久住師　外に出ないので体力的負担はかかりませんでしたが、いつお見えになるか分からない心的疲労と、応対プロセスをゼロから作り直す大変さはありました。

松本　棚経というお寺の伝統を変える大きな決断はどのように考えましたか？

久住師　住職仲間たちと「コロナ禍の棚経をどうする？」という話をした際に、行くか行かな

久住謙昭住職

いかを檀家さんにジャッジさせるのはよくないという声がありました。檀家さんごとに差が生まれますし、棚経を断っていいものか悩まれる方もいると思います。だからここはお寺側が決めることが大事だなと。

松本　一度、判断を檀家さんに委ねてしまうと、今後も自由に選べるような気持ちになりますよね。すると自主的にお寺との関係を終わらせる機会を作ってしまう可能性もあります。

「五分だけお経の時間をください！」

久住師　コロナによる自粛生活が始まった頃、松本さんがブログ「方丈庵」に、「一回やめてしまった習慣は元に戻らない」と書いていましたよね。うちのお檀家さんの中にも、疎遠になってしまう方が少なからずいるだろうなと思いました。それで覚悟を決めて、お参りに来られた方には必ずお経をあげることにしました。卒塔婆だけ受け取って行こうとする方は「五分だけお経の時間をください！」と引き止めました（笑）。

松本　すごい。お盆のお経という習慣を途絶えさせないための努力ですね。

久住師　お寺を支えているのは、人とお金です。七百年も続いているお寺で、私の使命は百年後にもちゃんと人のつながりやお金を残していくことです。こういう時だからこそ、関係性を希薄化させないために徹底的に丁寧なコミュニケーションを取るべきだと考えました。

松本　やってみてどうでしたか？

久住師　お参りの方に必ず水（ペットボトル）を一本渡しているのですが、前年より百本も多く出ました。卒塔婆やお花の数も変わっていませんし、お墓参りは減らなかったんです。

松本　数字の変化からはコロナの影響が全く分かりませんね。これまでの檀家さんとの関係性構築の賜物でしょうか。

久住師　それもあるかとは思いますが、やはり日本人にとってお墓参りは「不要不急」ではなく、大切な習慣であると実感しました。あとは棚経と合同法要という習慣を変更するにあたって、檀家さんにはかなりしつこくお知らせを送り続けました。ページ数を増やした寺報の他に、個別メッセージ入りのお葉書や御札を送ったり、お寺のLINEアカウントも開設しました。広報には時間とお金を費やしたので、皆さんに思いが伝わったのだと思います。棚経だけでなく、ほおずき市や法話会など今までの習慣を全部中止にせざるを得ない中で、中止になってもなるべく暗い感じにならないように、楽しそうな雰囲気の発信を心がけました。

松本　コロナで会えないからこそ広報力が光りますね。妙法寺では専任の広報担当者さんがご活躍です。次のお盆もこの形を継続していく予定ですか？

お寺はフェイス・トゥ・フェイス

久住師　やはり「棚経に来て欲しい」という方もいます。年に一度は自宅の仏壇にお経をあげてほしいという声や、お寺まで行くことができないという方もいます。コロナの状況次第ですが、デリバリーのニーズにも引き続き応えたいですね。一方で、好きなタイミングでお参りができる形も喜ばれました。平日の棚経では会えない勤め人の息子さんとその奥さんを連れて来てくださったり、次世代との縁を深める良い機会にもなりました。

松本　これからの世代にはフレキシブルさが求められるでしょうね。オンラインの法要や法事も当たり前になります。

久住師　今回、たまたまオンライン化の取り組みをテレビなどで取り上げていただきましたが、配信はあくまでもひとつの選択肢であり、お寺にとっての本質は生身のコミュニケーションだと捉えています。やはりフェイス・トゥ・フェイスを大事にしていきたいです。

松本　社会の変化が激しい昨今では、変えることと変えないことを適切に見極めていく必要がありますよね。

久住師　今回、棚経を中止するのは正直怖かったです。檀家さんに理解してもらえるかどうか不安でした。しかしお盆という供養の習慣を次世代にもつないでいくには、変えていかなければならない。コロナ禍のこのタイミングで、どう変えていくべきか？　ということが少し見えてきたお盆でした。（二〇二一年は全檀家に棚経についてのアンケートを行い、百数十軒の檀家さんに棚経を行いました。）

松本　諸行無常と口では言いながらも、変化は勇気のいることです。伝統のあるお寺においてはなおさらですが、久住さんは現代の住職としてのリーダーシップをしっかりと発揮されていますね。今後の妙法寺の変化も楽しみにしています！

1　仏事・伝統行事のイノベーション

実践 7　誰もが誰をも弔える「みんなのお盆法要」

愛知県真宗高田派正太寺住職
大河戸 悟道

おおこうど・ごどう　1961(昭和36)年愛知県生まれ。名古屋芸術大学卒業。アパレル企業や立体造形工房などを経て真宗高田派本山専修寺に勤務後、豊橋市の生家、同派正太寺に戻る。先代の遷化に伴い 2003 年同寺15代住職に就く。楽しいお寺、安心なお寺を目指し研鑽中。

遠藤卓也　正太寺《しょうたいじ》では、誰でもが、誰をでも想い、お勤めできる法要「みんなのお盆法要」を開催されています。どのような法要なのでしょうか。

大河戸悟道師　グリーフケアの活動をしている一般社団法人リヴオンの尾角光美《おかくてるみ》さんが「一周忌、三回忌だけではなくて、四回忌も五回忌もあっていいですよね」と仰っているのを聞いてハッとしたんです。私は決まった年忌をいかにちゃんとお勤めしていただくかという発想しかありませんでした。でも、四回忌、五回忌でもお勤めしたいという気持ちがあってこそ、法要は成り立つのだと思った時に、お寺側で枠を決めてしまっていたのだと気づきました。もしかしたら三回忌のあとは七回忌まで、ご遺族を我慢させてしまっていたこともあったかもしれません。皆さんがお勤めしたい時にお勤めできるような方法を考えた時に、伊豆の真宗大谷派の正蓮寺さん（45頁）が、「みんなのお盆法要」をやっていると聞こえてきたわけです。

遠藤　未来の住職塾のつながりですね。

大河戸師　四年ほど前ですが正蓮寺さんまで出かけて、法要だけでなくお墓のことなども聞かせてもらいました。

遠藤　その時のお話を元に、正太寺でのやり方を検討なさったのですね。

大河戸悟道住職

大河戸師　正太寺のある地域では、初盆のお宅だけ棚経に回っていました。一軒あたりしっかりとお勤めをしていたので、初盆のお宅だけといってもそれなりに忙しかったんです。ところが段々と、自宅で勤めなければいけないという考えの家が減ってきて、八月十五日の初盆法会（合同法要）だけで済ませるというお宅がほとんどになりました。

遠藤　初盆法会にはどれくらいの参加者がありますか。

大河戸師　毎回百名くらいの方が参加してくださっています。二〇二〇年はコロナの影響もあり、二部制にして一家族あたり五名以下の参加者にしてくださいとお願いしましたが、それでも結局、満堂になりました。

遠藤　正太寺のお檀家さんは熱心ですね。そんな初盆法要とは別日に「みんなのお盆法要」も設けているのですか。

大河戸師　はい。二年前から初盆以外のお宅に対して「みんなのお盆法要」をご案内しています。特に、共同墓や樹木葬での新しいご縁の方にとっては、参加しやすい形でお盆のお参りをしていただけるようになったと思います。
遠藤　参加者は檀家さんのみですか。
大河戸師　今のところ檀家さんが中心となっていますが、ご案内では「ご縁のある方はどなたでもどうぞ」としています。
遠藤　合同法要では弔いたい方の遺影や位牌をお持ちいただいているのですね。
大河戸師　写真を並べると法要の空気が引き締まるような感じがあります。
遠藤　ご家族など、お身内へ思いを向けている方が多いですか？
大河戸師　ご家族が多いです。「みんなのお盆法要」を一周忌や三回忌の代わりとするご家庭が増えたのも事実です。
遠藤　なるほど。年回忌の減少はいずれにせよ免れることはできないので「ゼロにしない」という目的では意義深いと思います。お布施もされますよね？
大河戸師　そこはわかりやすく、故人お一人につき五千円と決めています。
遠藤　合同法要の場合は一律の設定がよいかもしれませんね。参加ハードルがグッとさがります。

大河戸師　「みんなのお盆法要」をきっかけに墓じまいに動き出すご家族もありました。いずれなんとかしたいと考えていた方たちの思いを表面化させるような影響があったと思います。「わかりやすさ」が効いたのかもしれません。このきっかけがなかったら「どうしたらいいですか？」という問い合わせに一つずつ対応していかなければならず、もっと大変だったと想像します。

遠藤　変化をどう受け止めていますか。

大河戸師　今の時代はわかりやすい形が必要なのだと実感しました。また、合同墓や樹木葬で新しくご縁を結んでくださった方に「みんなのお盆法要」に参加していただけたのが良かったです。こういったご縁をもっと増やしたいですね。

遠藤　コロナ禍では葬儀の小規模化や直葬が増加しており、故人とちゃんとお別れできなかったという方も増えていると推測します。また、様々な関係性から、葬儀が終わってから死を知らされることもあるでしょう。そういった場合のグリーフケアにも「みんなのお盆法要」の必要性を感じています。

大河戸師　お盆は日本人に特別な時ですよね。お墓参りに行かなければとか、大切な人を弔いたい気持ちになっている時に、気持ちの持って行き場があれば良いですが、持っていない方に「どうぞ」と言ってあげられる場があるべきだと思います。

遠藤　家とは関係なく、誰かを弔いたい気持ちの受け皿にもなりますね。自分にとって大切だと思う人は家族だけではありません。近くのお寺で「みんなのお盆法要」があったらいいなと思います。

大河戸師　お寺は依頼さえいただければ、どんな法要でもお勤めできます。ただ、知らないお寺さんに頼めるものではないと思われているのも確かです。だから、「みんなのお盆法要」のような枠組なら、頼んでもらえるのだと思います。

遠藤　お寺のスタンスを示せるので、個別の法要もお願いできそうですね。

大河戸師　そんなイメージをもってもらうことも、この法要の意義だと思います。

遠藤　「みんなのお盆法要」で検索すると、伊豆の正蓮寺さんをはじめとして、いくつかのお寺がヒットします。各地のお寺で開催されることで「誰でもが、誰をでも想い、お勤めできる法要」が全国に広がっていくことを願います。

実践 8 住職自身が楽しみながら柔軟にお寺改革

大阪府法華宗法華寺住職
臨床心理士／スクールカウンセラー
庄司 真人

しょうじ・しんじん　1962(昭和37)年大阪府生まれ。関西学院大学卒業、兵庫教育大学大学院修了。公立中学校教師として18年、その後大阪府河南町の法華宗法華寺住職に就任。臨床心理士、学校心理士、特別支援教育士の資格を持ち、法務と並行してカウンセラー活動を行う。

コロナ禍は当たり前を見直すきっかけに

松本　庄司さんはこれまで三回も未来の住職塾に通ってくださっていて、五年をかけてお寺を変えてこられました。コロナ禍においてはどのように寺院活動をなさっていましたか？

庄司真人師　全国の塾生たちとフェイスブックでつながっていたり、オンラインで学びあう機会を作っていただき、各地のお寺の取り組みが非常に参考になりました。たとえば、親しいお寺さんが早い段階から法要のインターネット配信を始めたと知り、私も檀信徒へのお手紙でお経の動画配信やＤＶＤ送付ができるとお伝えしました。

松本　ネット環境が整っていないお宅にはＤＶＤが喜ばれそうですね。月参りを断られることもありましたか？

庄司師　田舎なので、ご家庭によって温度差がありました。私の方では手洗い・マスクなど対策をとった上で「各家庭のご事情にあわせます」と周知しました。法事などは本堂でやればしっかりと距離をとって、換気もできますからね。

松本　仏事の実施に関しては、地域や時期によってもかなり差がありますよね。

庄司師　一番変化したのは、夏の施餓鬼法要です。これまでのやり方だとかなり「密」になってしまうので、発想を変える必要がありました。

松本　どんな発想の転換がありましたか？

庄司師　人数制限を設けて予約制にして、分散して来てもらうようにしました。檀家さんから「このほうがゆったりお参りできていい」と好評で、コロナ前には思いもよらなかった発想で、お施餓鬼を改善できました。

松本　当たり前にやっていたことを見直すきっかけになっていますよね。

庄司真人住職

庄司師　そうですね。また、コロナ禍では、檀信徒さんとの距離が希薄になりがちですが、お手紙に加えて、写真、YouTube《ユーチューブ》動画のＱＲコードを郵送しています。こういうことで、いままでお伝えしてこなかった私の思い、お寺のありようを知っていただくきっかけになっています。

未来の住職塾のおかげでもあります。自分一人では発想できないような、各地のお寺の様々な工夫を知ることができたので「固定観念に囚われなくてもいいんだ」ということが自分の身に染み込んできています。

松本　それは嬉しいです。塾生ネットワークをどんどん活用してください！

やわらかく楽しく広げていきたい

庄司師　霊園事業にも変化が出てきました。ここ数年、お墓を求める方が減ってきているのか、あまり動きが見えない状況でした。そこにコロナの影響で、管理会社が急に撤退することになってしまって。うちを統括していた担当者も関東に転勤せよという話になったんです。しかし気骨のある人なので「それだったら独立する！」と、うちのお寺を活動拠点として法人を立ち上げられました。

松本　コロナ以前には予想もできなかった展開ですね。

庄司師　その方が丁寧な案内をしてくださったり、霊園のみをＰＲするのではなく、お寺や住職の活動も一緒に紹介してくれるので、良い方向に向かっていると感じます。これまでは維持するだけで精一杯で、頭を悩ませていた霊園事業が私としても楽しくなってきました。

松本 一緒に働く人が誰かということは重要です。ワクワクできるパートナーができて良かったですね。

庄司師 他にもコロナ禍で不思議なご縁がありました。たまたまお寺に来てくれたミュージシャン二人組と知り合って、秋のお彼岸法要で演奏をしてもらったのです。彼女たちの演奏する音と、本堂の飾りと背景などがマッチして私自身がすごく感動しました。自分がウキウキと前向きにやっていくと、いろいろなものが広がっていくなあと感じました。

松本 自分が楽しんでやっていると、また新しいご縁がつながる実感はよく分かります。

庄司師 当寺は「ご霊水」が湧き出ている霊蹟寺院で、私自身は、今まで宗教的・歴史的にありがたいという発想しかなかったのですが、二〇二〇年、ご縁を通じて訪ねて来られた近郊の手打蕎麦屋さんが、「ご霊水」で打った蕎麦を道の駅やネットで販売されるようになりました。これがとても美味しいのです。きよらかなご霊水のありがたさの新たな価値をいただきました。

私は結構ガチガチな人間なので、これまでは「自分が楽しくなる」という発想がなかったんです。「自分は縁の下や」とか「一所懸命祈るだけや」なんて思ってたのですが、コロナの影響かどうか分かりませんが、今までのガチガチの自分よりももっとやわらかく楽しく広げていったほうがいいのかな、というのが最近の実感です。

神仏への感謝を「軸」として

松本　今後はどのように活動していきますか？

庄司師　今日一日がいっぱいいっぱいで、住職塾で考えた「五年後のお寺」「十年後のお寺」の未来像も、結局は今日の地続きのことなのでどうなっていくかは明確にはわかりません。ただ、根本には神仏を大切に、神仏への感謝の場をしっかりと持って、仏事・供養・報恩感謝を懸命に続けることしかないと思います。

ついつい「新しい取り組み」とか「新しい方法」みたいなことに意識をもっていきがちなのですが、うちのお寺は霊水が湧き出るというありがたさが中心にあるので、まず一番は神仏への感謝ですね。たとえお寺の五年後、十年後の計画という自分で考えたレールがあったとしても、どうよれていくか分からない中で「神仏への感謝」だけは不変だと思っています。

松本　庄司さんらしい「軸」を大切にしながら、外にむけて開いていくような方向性に良い予感がします！

実践 9　地元のお寺として持続可能なビジョン作り

青森県真言宗豊山派普賢院住職

品田 泰峻

しなだ・たいしゅん　1983(昭和58)年青森県生まれ。2012(平成24)年に真言宗豊山派普賢院副住職、そして21年9月に品田泰永住職遷化に伴い住職に。御詠歌の豊山流大師講詠秀、同派総合研究院現代教化研究所研究員。未来の住職塾修了。「心のよりどころとしてのお寺」を目指し活動中。

祈祷寺としての大きな物語づくり

遠藤　品田さんは昨年（二〇二〇年）「未来の住職塾NEXTR－2」に参加し、お寺の事業計画書を作成されました。お寺の歴史や伝説に着目し「祈祷寺」としての側面に注力していくという計画が印象的でした。

品田泰峻師　このお寺自体、古いのですが具体的な歴史の変遷までは自分も知らなかったし、あまり知られていません。過疎がどんどん進んでいますが、地域の歴史というのはそこに生きてきた方々の証でもあるので、後々に伝えていくための準備は力を入れていきたいと思ったんです。お寺として「大きな物語づくり」を行うことは、ご縁の方々にも誇りに思ってもらえるのではないかと考えています。

遠藤　地域に伝わる伝説を絵本にされましたよね。

品田師　まだ製本はできていませんが、まずは動画で見ていただけるようにしました。由緒を伝えていくための一つの方法と捉えています。お寺に写本があるのですが、地域に残る他のバリエーションも知ってもらったり、この絵本を題材にしたワークショップの開催などにもつなげていきたいと考えています。コロナの状況次第ですが。

遠藤　コロナの影響による不安な社会において「祈祷寺」という方向性も、より一層求められているお寺の役割だと思います。お寺の持続性を高める上でも、宗教性を伴ったご縁の広がりは重要です。

コロナ禍の年末年始は地元の寺社へ

品田師　それぞれの地区に必ず一つ檀家寺があるような地域で、菩提寺との関係性がまだまだ強いんです。そこで自坊では、ご祈祷をきっかけとした様々なご縁が織りなされていけばいいなと考えています。元々はご祈祷寺だったという歴史がありながら最近疎かにしてしまっていたので、やるべきことをやらなければと。もちろん、ご供養もこれまで通り大事にさせていただきつつですが。

品田泰峻住職

遠藤　この年末年始は外出がままならず、お正月らしからぬ雰囲気でした。初詣も密や遠出を避ける傾向にあり、意外に地元の方々の参拝が多かったというお寺もあったようです。あるお寺では、お守りなど授与品が例年の一・五倍出たという声も聞きました。檀家さんではない方が新年の参拝をされ、そこからご祈祷へつながることもありそうですよね。たとえば「厄除け」なども、遠くの有名な寺社まで行かずに地元でという発想になります。

品田師　普段はお守りなどは並べていなかったのですが、今年は用意してみたんです。デザインは妻にまかせて、女性目線で喜ばれそうなものを作りました。すると結構求められている様子があったので、授与品については引き続き試行錯誤していきます。

遠藤　今風のファッショナブルなお守りもあると、若い世代は嬉しいですよね。日頃から身につけてもらえれば、お寺を思い出すきっかけになりますし。祈願・祈祷にもつながりうるツールだと思います。　未来の住職塾の塾生たちの活動をみていても、オリジナルお守りの開発事例があります。ユニークなアイデアも多いので参考になるかと思います。

品田師　昨年、未来の住職塾で一緒に学んだ方の中にも既にご祈祷に力を入れてやっていらっしゃる方があったので、すごく参考になりましたし、刺激をうけました。

遠藤　それはよかったです。二〇二〇年から完全にオンライン化して、塾生同士の横のつながりが生まれるのか不安もありましたが、自主的にオンライン勉強会をひらいたりと交流は盛んでした。

品田師　地方寺院にとってオンライン化はありがたかったですね。これまでは勉強会に行きたいと思ってもなかなかお寺を空けられなかったので、すごく助かりました。

二十年後の寺院ビジョンのために

遠藤　今回作り上げたお寺の計画書は、受講前の想像と比較してどうでしたか？

品田師　当初考えていた計画よりも、スケールが大きく地に足のついた計画になるようにご指導いただいたと実感しています。そもそも、合葬墓や納骨壇に関する事業計画がたてられればいいという気持ちで参加したのですが、蓋を開けてみたらお寺の二十年先までを見据えた計画をたてましょうということでした。その頃に私は六十歳なので、次の住職のことも考えなければいけません。長期的なプランの中に合葬墓や納骨壇の事業を位置づけて考えることとなり、結果的に深くて総合的な計画書になったと思います。

遠藤　品田さんは二十年後のビジョンがある程度具体的に描けているので、その手前で行うべきアクションの妥当性も高いですよね。

品田師　ビジョンの具体性を高められたのは、添削でのアドバイスが大きかったですね。私としては、これから作る合葬墓や永代供養のシステムをしっかり固めたいという明確な目的がありました。それ以外の、たとえば二十年後のお寺像についてはほとんどイメージできていませんでしたが、具体的なビジョンを考えられるようなヒントをたくさんもらえたので、自坊に備わっている要素の中から「これならできそうかな」とか、じっくりと考える良い機会になりました。

遠藤　なかでも歴史や祈祷といった、普賢院ならではの要素に着目して軸を定められたことが良かったと感じます。新年のお参りの話にもありましたが、遠出が難しくなり地域の人々はローカルの魅力を探したり実感する時代になっていきます。そのような中で、地域の歴史を語り伝え、祈りの空間を備えた「地元のお寺」に活躍の可能性があると思います。

2　お寺の持続可能な事業計画

実践 10 祈りで農家を支えるお寺を目指して

徳島県高野山真言宗観音寺住職

中村 一善

なかむら・いちぜん　1971(昭和46)年徳島県生まれ。徳島文理大学大学院薬学研究科修了。薬剤師として病院薬剤部勤務などを経て2006年、生家の高野山真言宗観音寺副住職、17年より住職。同宗本山布教師心得。マンダラエンディングノート・いのちの積み木の普及に努める。

新しいお祭りをどう広報するか

遠藤　観音寺は檀家寺として四百年の歴史を築いてこられたお寺です。現在はどのような外部環境にありますか？

中村一善師　地域の特産品「梨」の畑に囲まれ、静かで閑静な地域です。松茂町の人口は約一万五千人で、寺のある長岸地区は五十世帯、百五十人ぐらいです。私は観音寺で育ち、十歳で得度してお盆のお参りも父の先代住職と一緒に行っていました。住職に就任した今では檀家さんには「小さい頃から知っているお寺のボクが大きくなったな」という感じで親しくさせていただいてます。

遠藤　檀家さんとは関係が良好そうですが、このタイミングでお寺のこれからを考えて学びたいと思われた理由は？

中村師　先代と二人体制でやっていた頃は困ったことはなかったのですが、二〇一六年に先代住職が遷化して自分が主導権をとる必要がでてきたということですね。毎日に追われているような感じでバタバタと気ぜわしくしているわりにはどっちつかず。お寺のことも家族のこともちゃんとできていないというジレンマがありました。一度しっかり先々を考える必要があるなと。

遠藤　観音寺のこれからの計画として「五穀豊穣祈願祭」は興味深いですね。

中村師　檀家さんには農家が多いのです。梨、鳴門金時（さつまいも）、大根などが主ですが、観音寺として農家さんに何か貢献できることはないかと考えました。

遠藤　いいですね！　観音寺は「法話と天井絵の寺」がキャッチコピーとして知られていますが、「祈りで農家を支えるお寺」というのも加えましょう。

中村一善住職

中村師　これから企画するお祭りなので、広報をどうやったらいいのか遠藤さんに相談したいと思っていたんです（笑）。

遠藤　農家を営む檀家さんの口コミもよさそうですね。チラシをお渡ししたり、地元ラジオ局にも取り上げてもらえると効果が高いです。農作業しながらラジオを聴いている方は多いものです。また、地域情報誌に記事広告的な形で取材してもらうのもいいですね。ターゲット層からするとネットよりも有効でしょう。

中村師　ケーブルテレビには護摩祈祷の様子を取材してもらったことがあり、多くの方から「見たよ」と言われました。

遠藤　その際に重要なのは、どのようにお寺とつながれるかをちゃんと伝えることです。たとえば「天井絵はいつでも拝観いただけます」とか「毎月二十八日には護摩祈祷をやっています」とか。護摩祈祷に来てくださる方は「五穀豊穣祈願祭」にも興味を持ってくださると思います。日常的に祈祷を求める信者さんを増やせば、自ずと広報にもつながります。これからの観音寺の大きな方向性として祈祷の道は確からしいと考えます。

中村師　元旦に初護摩祈祷もしています。

遠藤　それも良い機会ですね。コロナの影響により、初詣は遠くの有名社寺に行くよりも地元の社寺にという傾向もあるようなので、年末からポスターやチラシで告知をしてもいいですね。初詣や毎月の祈願などを習慣化してもらうことで、またお寺に行く理由ができますので。

中村師　五穀豊穣祈願祭のもう一つのねらいは、これを機会に「寺院活性化委員会」を立ち上げようと思っています。

遠藤　総代会などとは別に、もう少しフットワークの軽いグループを作って一緒にお寺のことを話し合っていくようなケースはたまに聞きます。

中村師　実は一つの悩みとして、総代会での意見交換が活発ではないということがあります。任期制になっていて、数年で総入れ替えとなるため主体性をもてないのは仕方がないと思うのですが、「言われたことをこなす」ような感じになっていて、寂しいんですよね。住職一人で考えるには限界があるので、客観的な意見をもらえたら助かるのですが。

遠藤　ご住職によくある悩みです。雇用関係ではないので、住職から求めにくいですよね。総代さん側としても「どこまで口出ししていいのか」と遠慮される部分もあるでしょう。

中村師　毎月、寺報を約三百部発行していますが、記事を書いて印刷して折って封筒に入れて郵送するということを、これまで一人でやってきました。さすがに少し疲れてきまして、フェイスブックに「誰か手伝って」とこぼしてみたんです。そうしたら、すぐに「手伝うよ！」という方が出てきました。檀家さんではなく写経会などに来てくださっている方です。他にも数名の方が協力を申し出てくれました。そういう方たちと作業をしながらお話していると意見やアイデアがポロッと出てくるので、活性化委員会結成の土台になると期待しているところです。
遠藤　会の楽しい雰囲気が伝われば、「じゃあ私も」と他にもやってきてくれると思います。日常的な集まりでこそ、ざっくばらんに話せることがありますね。小さくとも、すぐ起こせそうな変化です。
中村師　みんなで仏器を磨くのもいいと思います。大きな行事の前は業者さんに頼んでいるのですが、普段から磨いておけばよいことですし、それも一つのコミュニケーションの場になりますよね。小さなことからやっていきたいと思います。
遠藤　全体の計画を立てたからこそ一つ一つのアクションの位置づけや重要性が見えてきますよね。たとえ小さくても意図がはっきりと認識できるので、行動や発言が変わってくると思うんです。
中村師　全体の計画を立てると、先行きが具体的に見えてくることの大事さがよくわかりました。
遠藤　五穀豊穣祈願祭は地域性を踏まえた上でお寺にしかできない役割なので、とても良い方向を向かれていると感じます。「祈りで農家を支える観音寺」に期待しています！

実践 11 檀家制をとらない新しいお寺の挑戦

神奈川県浄土真宗単立慈陽院なごみ庵住職
浦上 哲也

うらかみ・てつや　1973(昭和48)年東京都生まれ。日本大学卒業。一般企業に勤務した後に在家から真宗高田派僧侶となり、2006年に横浜市に布教所を開設して13年をかけて宗教法人倶生山慈陽院なごみ庵として認証。その原動力は法話とワークショップなどのイベント。

布教所という形からスタートして

遠藤　令和初の宗教法人設立おめでとうございます。浦上さんは布教所から始めて、宗教法人化にむけてずっとがんばっておられました。

浦上哲也師　一般家屋をお寺にしていて、規模も小さいのですが、宗教法人になった途端に「お寺を守る気持ち」が急に湧いてきて自分でも意外でした。宗教法人化により、未来の住職塾で作ったお寺の事業計画書に書いたアクションプランをすべて実行したので、今はちょっと目標を失っているような状況です。

遠藤　いよいよこれから第二章ということですね。これまでの歩みと、これからの展望をお聞かせください。

浦上師　もともと在家で、縁あって僧侶になったのですが、築地本願寺の東京仏教学院で学んでいたときに、布教所という形でお寺を始められることを知りました。二〇〇六年に借家で布教所を始めて、二〇一〇年に今の場所に引っ越してきました。

遠藤　新しいお寺だからこそ、心がけていることはありますか？

浦上師　うちは境内や歴史のある本堂や墓地も文化財もありません。他のお寺と比べるとハードの魅力が皆無なんですね。だから「自分自身の商品価値を高める」ということをずっと考えて活動してきました。

遠藤　浦上さんのワークショップ「死の体験旅行」は大変人気ですよね。

浦上師　コロナの影響で開催数は減っていますが、ワークショップやイベントを通じてご縁をいただくことは少なくありません。「お寺で毎週イベントをやる」と、お寺の事業計画書に書きました。

浦上哲也住職

遠藤　計画書にあった「毎週金曜はなごみ庵の日」というコピーがとても印象的でした。

浦上師　それはずっと続けています。法話会には昼夜で三十名くらい参加してくれることもあります。HP《ホームページ》やSNSやお寺イベントのポータルサイトを活用したり、ネット発信は特に大事にしています。

毎月寺報を欠かさず送ってつなげる

遠藤　新しいお寺だと、地域での認知が浸透してないですよね。

浦上師　外観がお寺らしくないせいか、地域の方はあまり来られません。

遠藤　だからソフト重視の作戦ですね。浦上さんの人柄に触れたら、また会いたくなる方も多そうです。

浦上師　イベントなどで初めてお寺に来られた方には名札を作成するのですが、名前や住所を記入していただく際に、寺報を郵送してもいいか聞くようにしています。寺報は毎月欠かさず送っています。

遠藤　ネット発信でイベントに来てもらい、その後は寺報の郵送でつながり続けるということですね。シンプルですが、新しいお寺に合ったやり方のように思います。まだ人数が少ないぶん、個別に関係性も深めやすいでしょうし。

浦上師　うちは檀家制をとっていないので、寺報が唯一の重要なつながりです。気軽に関係を始めていただける利点がある一方で、逆にいつでも離れられるということでもあります。護持会費や強制的な寄付などもありません。

遠藤　多くのお寺で葬儀などのご縁がお寺との関係の入り口となっている中で、なごみ庵は法話会やワークショップなどのイベントにメインの入り口があるということになります。これは新しいやり方であり、チャレンジだと思います。

浦上師　自分でもまわりくどいやり方だとは思っています。しかし単立であることや新しいお寺であることを考えると、仏事からのご縁は広がりにくいのです。今現在は、私が他のお寺の仏事も担わせていただくことで、なごみ庵を維持している状況です。

遠藤　お聞きしているとイベントに来ている方たちとの関係性も深いと感じます。そこから仏事につながるような取り組みを考えることが、なごみ庵の第二章の始まりかもしれません。

浦上師　昨年（二〇二〇年）から行政書士の方と一緒にお寺で「さきゆきケア勉強会」を開催し、エンディングノートや遺言の重要性が増している社会背景などをお話いただきました。将来的にはお寺で死後事務委任を担えたらと思っています。

遠藤　死の体験旅行や「自死・自殺に向き合う僧侶の会」など死にまつわる活動もずっとなさってきました。死生観についてしっかりと語れるお坊さんだと思います。制度的なことは行政書士さん、死に対する不安はお坊さんという役割分担で、なごみ庵のご縁の方たちに安心していただけると思います。

浦上師　仏事のご縁はまだ少ないですが、一度ご依頼いただけたら次回もお願いしてもらえるケースは多いです。

遠藤　檀家制をとっていないとのことですが、なごみ庵を一つの居場所とする人や、その居場所がなくなったら困るという人が着実に増えているのでしょうね。檀信徒を新しく増やすことが難しくなっている中で、檀信徒という関係ではなくとも「お寺を必要とする人」とのご縁を増やしていくという方針のご住職も増えていると感じます。

浦上師　お寺だけに限らず「必要とされる施設は存在を許される」という思いがあります。明治以前のお寺って、みんな宗教施設というだけでなく、多目的施設だったから、今よりも寺院数が多かったみたいですし。それが必要とされていたからということですよね。

遠藤　なごみ庵は、着々と「必要とされる施設」としての道を歩んでこられていると思います。第二章を楽しみにしています！

実践 12 過疎地寺院でお寺サポーターと協働する

鳥取県曹洞宗清元院住職

井上 英之

いのうえ・えいし　1966(昭和41)年鳥取県生まれ。駒澤大学卒業。小中学、特別支援学校など26年間の教員を経て 2014(平成26)年鳥取県琴浦町の曹洞宗清元院の住職となる。曹洞宗布教師。山門に「縁をつなぎ安心をとどけるお寺」と掲げ寺参りを勧める多彩な行事を展開中。

「清元院サポーターくらぶ（てらとも）」を作る

遠藤　井上さんは急激に過疎化・少子高齢化が進み、小学校や保育園も廃校・廃園となっている地域でお寺を存続させていくために、お寺の事業計画を作成されました。

井上英之師　五年前に初めて未来の住職塾に通った時は、お寺に人を集めたいということしか頭にありませんでした。なるべく敷居の低いお寺にして、生きている人のためにお寺を使っていただきたいということを主眼に、お寺の事業計画を書きました。それ以来、やれることは手当たり次第にやってみようと思い、いろんな活動を行ってきました。宗派は違いますが地域にある「お大師講」を復活させたり、自治体と一緒に婚活イベント「お寺で縁結び」を開催したり、お寺のお庭で「月あかり茶会」もやりました。去年（二〇二〇年）はコロナで開催できなかったのですが、一昨年は百二十人を超える参加者がありました。

遠藤　それはなかなかの人数ですね。

井上師　お寺の認知度は上がって、お檀家さん以外の方にも集まってきていただけるお寺になったのです。しかし、人は集まるようになったけれど過疎の地域でお寺を存続させていくためにどうするか、ということにはつながっていないと感じました。それでまた去年、未来の住職塾に参加しました。

遠藤　同様の課題意識をお持ちの方は多いと思います。清元院の計画はどのように変化しましたか？

井上師　お檀家さん以外の方もお寺にたくさん出入りしてくださるようになったので、ただの参加者ではなく、活動の企画や運営にも携わっていただきたいという思いで「清元院サポーターくらぶ（てらとも）」という会を立ち上げることにしました。

井上英之住職

遠藤　どんな方でも能動的にお寺に関われる枠組みを用意したわけですね。

井上師　まず、若手役員を中心に、ＬＩＮＥグループを作って法要のお手伝いなどにお声がけしていくことから始めています。メンバーは今のところ五十〜六十代前半の人たちですが、もっと若い層にも広げていきたいですね。清元院サポータークらぶの中から、これからお寺を支えてくれる人が現れてほしいという願いも込めています。

遠藤　幅広く参加できるイベントなどで、継続的にお寺に通ってもらえる機会があるといいですよね。清元院サポータークらぶがその機会なのかもしれません。

井上師　清元院では、様々に月例のイベントも行っています。たとえば「写経・写仏・切り仏の会」「坐禅会」「寺ヨガ」などは毎月行っていて、常連さんが中心に参加されています。

遠藤　常連さんにとっては清元院のイベントが習慣になっているのでしょうね。これからのお寺を支えてくださる仲間になり得ると思います。

井上師　一方で、一般認識としてまだまだお寺は「供養の場」であると思うので、お寺や住職の評価に関しては供養が大事です。供養も一生懸命工夫しています。

遠藤　どのような工夫でしょうか？

井上師　葬儀の打ち合わせでは「昔ながらの葬儀」か「参列者も参加できるわかりやすい葬儀」かのどちらかを選んでもらいます。九割五分の方が後者の参加型のお葬式を選ばれますね。葬儀の式次第の説明が書いてある冊子をお配りして、亡き方のために和尚さんが行っている作法の意味やお経に込められた願いを知ってもらい、読経や作法も一緒にしていただいています。戒名に込めた願いや意味も紙に印刷してお渡ししています。

遠藤　それはご遺族にとって嬉しいことですね。

井上師　住職だけが故人に思いを伝える葬儀ではいけないと思っています。参列者の思いも向けられるように、試行錯誤を繰り返しています。

遠藤　井上さんのお寺では、初めてのご縁の葬儀もあるのでしょうか？

井上師　めったにないです。新しく独立された方が家を建てるような地域ではないので、年に一件くらいですかね。でも、もしそういう方が現れた際に、ご縁を結びやすいようにという意味もあって納骨堂の建立を準備しています。

遠藤　お寺に新たに関わってくれる方を迎えるためにも、納骨堂や永代供養墓の充実は必要ですね。

井上師　お檀家さんから「清元院のお葬式はとてもいいよ」「いろんな楽しい行事があるよ」「困った時は相談にのってくれるよ」「永代供養も整っているよ」と、紹介してもらえるような状況はできていると思っています。

遠藤　坐禅会や写経会などの月例のイベントをしっかりと続けているということも、信頼につながりますよね。寺報やホームページで発信すると良いでしょうね。
井上師　参加しやすいイベントが継続的に開かれていることも大事ですし、供養の面で信頼されることと、その両方がないと駄目だと思います。そうやってお寺としての力が蓄えられたら、今度は地域に還元したい。十年後、十五年後の計画に書いたアクションにつなげていきたい。
遠藤　「デイサービスセンター」の運営や、空き家を利用した宿泊施設を造りたいと書いていらっしゃいましたね。
井上師　地域の人口減と空き家増加の問題について、今は「なんとなく増えている」という実感ですが、これから凄まじい勢いで増えていきます。
遠藤　行政も含めた様々な組織との連携が重要になっていきそうですね。
井上師　お寺や私が中心になる必要はないと思っています。「上手に人に頼ること」を私自身が習慣化していきたいです。
遠藤　住職はついつい何でも背負い込んでしまいますからね。清元院のある地域の十五年後を楽しみにしています。

3　ウェルビーイングに貢献する居場所づくり

実践13 気軽に朝の掃除会「テンプルモーニング」

山梨県日蓮宗法源寺住職

横山 瑞法

よこやま・ずいほう　1981(昭和56)年山梨県生まれ。立正大学卒業。日蓮宗法源寺と林應寺住職の傍ら社会福祉法人身延山福祉会の社会福祉士として活動。山梨県内の超宗派僧侶グループ「坊主道」代表、一般社団法人「SOCIAL TEMPLE」理事。未来の住職塾第6期卒。

兼業住職もできる新たな取り組み

松本　「テンプルモーニング」とは、私が二〇一七年の秋から東京・神谷町光明寺で始めたお寺の朝掃除会です。全国いくつかのお寺にその取り組みが自然に広がっていきました。横山さんは、光明寺の他でテンプルモーニングを始めた最初のお寺だったと思います。きっかけは何ですか？

横山瑞法師　松本さんのツイッターを見かけたのが最初です。お経、掃除、お茶を飲みながらお話、という内容が書いてあって。「あ、これならすぐにうちでもできるな」と思ったのが一番の理由です。

当時は兼業で外の勤めもしながら住職をしていたので、まとまった時間をとって新しいことを始めるのは難しいと感じていました。それで、とにかくやってみようと。特別な準備は必要なく、掃除道具もあるし、お寺で普段からやっていることを整えるだけで取り組みになるということで、ハードルが低く感じました。

松本　実際にやってみてどのように感じられましたか？　最初に呼びかけた日は、参加者が誰もいなかったという話も聞きました。

横山師　松本さんの取り組みを知ってから間もなく、フェイスブックで告知をしてみました。結局集まったのは、私だけ。でも、とにかく一人でもやってみようと思ったんですね。

決めていた通り、まず本堂で、来た人が初めてお経本を見るような気持ちで、お経をゆっくり十五分くらい読みました。そして、境内に出てぐるっと回って、掃除です。最後に、お座敷に上がって、お茶を一人で静かに飲んでみました。そうしたら、「あ、うちのお寺、案外いいじゃないか」と（笑い）。

横山瑞法住職

自分にとっては日常の風景である境内を朝の時間にまじまじと眺めてみるとか、ゆっくりお茶を飲んでみるとか、そういうことを通じて、改めて客観的に自分のお寺を見られました。やっていることはお寺としてごく当たり前のことだけど、自分自身もいいなと思ったし、続けてやってみたくなりました。自分がやってみてよかった、というところが一番ですね。

誰もが安心してお参りできる場を

松本　テンプルモーニングと、お檀家さんとの関係はどうされていますか？　地方は特にお寺とお檀家さんや地域社会との結びつきが強いので、「良ければ一緒に掃除、どうですか？」という呼びかけが、お寺からの強制と取られてしまう難しさがあると思います。

横山師　檀家さん向けの教化活動としては、日蓮宗のお寺で一般的な信行会を毎月続けています。テンプルモーニングは、基本的に信行会とは全く別にやっていて、地道に自分のフェイスブックやお寺の公式ラインアカウントなどのSNSで、毎回必ず開催のお知らせをしています。二回目からはSNSだけでなく、ゆるく檀家さんにも声をかけてみたら、パラパラと来てくれる人も出てくるようになりました。檀家さんの娘さんやお孫さんなど、若手の方が帰省してきたときにSNSを見て来てくれますね。四年くらい続けて、今は平均だいたい四～五人です。お寺関係じゃない友達が「子どもと一緒に体験したい」と県外から来たこともあります。

松本　地方だと全く新しいご縁を作るというのは難しいかもしれませんが、もともとゆるくつながっていた人たちとの縁を深める一歩になるのも大きいですよね。

横山師　よく来られる女性から伺ったお話ですが、これまで有名なお寺や神社にお参りをしてきたんだけど、上から目線で対応されてがっかりしたこともあったと。でも、たまたま近所のお寺でやっているから行ってみるかと思い、実際来てみたら、安心して楽しくお経と掃除とお話ができてよかったと喜んでくれました。

そういうふうに求めている人たちに、安心してお参りができる場所を作る取り組みとしてもいいなと実感しています。定着するまでは、時間がかかりますよね。でも朝のお勤めや掃除はお寺としての基本ですから、当たり前を気長に続けていきます。

松本　テンプルモーニングの取り組みを、自坊だけじゃなくて、周囲のお寺にも広めたいと思うのはなぜですか？

横山師　誰もが安心してお参りできる場所をたくさん作りたいという思いからですね。僧侶が思う以上に、お寺は一般の人にとって近寄りがたい。お墓参りでもなければ行きにくい場所だし、ましてやお坊さんと会話するのはハードルが高い。

松本　私の「日本のお寺は二階建て」論での二階部分、仏道を求める人たちが簡単にそれに触れられる場所をたくさん用意したいということですね。

横山師　光明寺のテンプルモーニングに参加させてもらうと、私もまた行きたいと思えるようなコミュニティができていて、そこから何かが生まれそうな楽しさがあります。うちもそういうふうになったらいいなと思います。皆さん、この取り組みを始めるために必要なことは、いつものお寺の朝のお勤めへの参加を周囲に呼びかけるだけです。一回、騙されたと思ってやってみてください。僧侶にとって当たり前のお寺の朝は、誰かにとっては特別な朝の体験になるのです。

3　ウェルビーイングに貢献する居場所づくり

実践14　宿坊とブータンでお寺独自の〝旗を揚げる〟

鳥取県浄土真宗本願寺派光澤寺住職
やずブータン村代表
宗元 英敏

むねもと・ひでとし　1960(昭和35)年鳥取県生まれ。甲南大学卒業。KDDIソリューション事業本部営業マネージャーを経て鳥取県八頭町の浄土真宗本願寺派光澤寺に戻って現在住職。過疎地域にある自坊を宿坊として発展させ、また「やずブータン村」代表としても活躍。

「ブータン村」と宿坊を始めた訳

松本　今年（二〇一九年）で七回目となる「やずブータン村まつり」。私は二回目と今回にゲストとして呼んでいただきました。未来の住職塾で私は、「旗を揚げることが大事」と言っていますが、まさに宗元さんが身をもって示してくださっています。今年はなんと、ブータンから現在の国王の従妹のAshi Kesang《アシ ケサン》妃が、このイベントのために四人のブータン僧侶を連れて来日されました。

宗元英敏師　少子高齢化が進み、今までの家族制度は崩れ、都市圏でも過疎地でも、檀家の減少は避けられません。宗教が家から個人のものになると、お寺のブランド力が必要になります。普通のお寺では、誰にも見つけてもらえずに埋没し、衰退していきます。特に、私のお寺のある鳥取は過疎地で高齢化率も高く、仕事がないので若者がいません。私が東京での会社人生を終えてお寺に帰って来た当初は、衰退しか見えていませんでした。

そんな中、「やずブータン村」と宿坊を始めました。始めた頃は、旗を揚げるという意識はありませんでしたが、二年前に松本さんの誘いで初めてブータンに行き、今回のプリンセスとのご縁ができた時に、旗を揚げることの大切さがわかりました。

松本　宗元さんは「やずブータン村」という旗を掲げながら、しばらくブータンに行く機会が得られなかったんですよね。それでも、ずっと掲げ続けていらっしゃったから、私がブータンに行って王族と交流する機会を得る時に、このご縁を宗元さんにもおつなぎすることができました。ところで、なぜ「ブータン」だったのでしょうか？

宗元師　宗派が何かしてくれるわけではないし、自分の力で立ち上がるしかないとなると、自分のお寺の特徴を出していく必要があります。まずは、檀家制度に囚われているお寺を、オープンなものにしていこうと思いました。

しかし、鳥取県の保守的な土地柄では、お寺が脱・檀家制度を謳っても聞く耳を持ってもらえません。だから、別団体を作ることにしました。そのテーマにブータンを選んだのは、実はそんなに深い意味はなかったんです（笑）。

ブータンは、仏教の国で、幸せな国というイメ

宗元英敏住職

ージがありますよね。それでいて、皆があまり深く知らない。

松本　日本の皇室とブータン王室との交流が報道されるなど、タイミングも良かったですよね。「ブータン」そのものを知っている人が少なくても、これから興味を持つ人が増えることが見えていれば、早い時期からそれをテーマに掲げて活動することで自然と認知度を上げていくことができます。

「フランス村」だと、それをテーマに掲げた活動は世の中にいくらでもあるので、埋もれてしまいます。「ブータン」というのが絶妙でした。

宗元師　「ブータン」というテーマそのものへの興味が盛り上がれば、何をやっているかわからなくても名前は知ってもらえるというメリットがあります。

八頭《やず》町の人でも、光澤寺には興味はないけれど、ブータン村のポスターは見たことがある、という人は多いです。今は意味があるかどうかわからなくても、始めること、やり続けることの重要性は、本当に大きいです。やり続けることで、お寺の信用と信頼になっていきます。

松本　新聞やテレビでもずいぶん取材されましたね。単発のイベントではなく、ブータン村のように継続していけば、その回数も実績となってメディアの取材も増え、社会からの認知も信頼も上がっていきます。

継続があったからこその、プリンセス来訪だったと思います。

さらに今回は、県知事からプリンセスを交えてのディナーの招待まで。旗を揚げた結果、住職の顔が見えるようになります。

宗元師 住職の顔が外に見えることが大事です。そのために、新聞社やテレビ局とも関係を積み重ねてきました。イベントの際は住職として前に出ていろんな話をします。イベントの来訪者の98％は檀家さん以外です。檀家さんは、必ずしも来なくていいんです。菩提寺の株が上がれば、「うちはあのお寺の檀家だ」と、来なくても満足度がアップしますので。

永代供養がお寺のエンジンなら…

松本 ところで、この「やずブータン村」が盛り上がることで、収入という面でお寺への影響はどうですか？

宗元師 うちのお寺は対外的には宿坊を中心に据えていますが、これからのお寺は永代供養にかかっています。檀家制度が衰退していく中、永代供養がお寺のエンジンだとすれば、宿坊とブータン村がガソリンです。

実は、宿坊とブータン村から入ってくる永代供養の縁も多いんです。檀家だけの縁では、そうはいきません。あとは、いかに燃費を良くするか。

お寺には坊守と私の二人しかいませんから、ブータン村にエネルギーを割くのは限界がありますが、年に一度だけなら負担もありません。

松本 プリンセスから「ここの環境は、本当にブータンみたい。ここが日本とブータンの交流拠点になることを期待したい」という言葉もありました。これからますます楽しみです。

実践 15 お寺本来の役割を体現「介護者カフェ活動」

東京都浄土宗香念寺住職
亀有介護者サポーターの会代表
下村 達郎

しもむら・たつろう　1982(昭和57)年東京都生まれ。東京大学医学部健康科学看護学科卒業後、2007年に葛飾区・浄土宗香念寺住職に就任。16年同寺で「介護者の心のやすらぎカフェ」の活動を開始。寺院客殿とオンライン上で、定期的に介護の経験や悩みを分かち合う茶話会を開く。

介護者の経験や悩みを共有する

松本　私が東京・光明寺で「神谷町オープンテラス」を始めた十五年前は、まだお寺の中にカフェを設けることは珍しがられましたが、今やお寺のカフェはすっかり定着した感があります。中でもこれからの本命と思うものが介護者カフェ（ケアラーズカフェ）です。超高齢化・長寿社会の到来で、生老病死の苦の中でも介護にまつわる苦は現代を代表する苦となっており、そこに光をあてたわけで、そのモデル寺院の一つが香念寺です。

下村達郎師　私は浄土宗総合研究所の研究スタッフを拝命しており、そのおかげで世の中の様々な公益的な取り組みを見学させていただく機会がありました。

特に注目したのが、介護の経験や悩みを共有する、一般の介護者支援団体の方々が開いているケアラーズカフェです。

浄土宗内では研究所研究員である東海林良昌さんが宮城県塩竈《しおがま》市のご自坊と石巻市の寺院で二〇一三年からカフェを開催していました。お聞きしたところ、お寺にあるお茶やお菓子を座敷に並べ、ご法事の際の待合室を作るのと同じような準備で会を始められるということで、都内にあるうちのお寺でも開けるのではないかと思ったのがきっかけです。

議論するよりもまずはやってみようと、浄土宗総合研究所の「超高齢社会における浄土宗寺院の可能性」プロジェクト研究班のアクションリサーチ（実践的研究）として、研究員のサポートを得ながら、香念寺でスタートしました。

その取り組みが研究成果として注目され、現在では浄土宗社会部と公益財団法人浄土宗ともいき財団の支援を受けて、全国に取り組みが広がっています。

松本　下村さんは、東京大学医学部健康科学看護学科（通称、保健学科）のご卒業ですよね。介護者カフェにはそこで学ばれたことが活きてきそうですね。

下村達郎住職

下村師　保健学科は医療や看護、福祉を学ぶ学科ですが、自分の知識だけでなく人のつながりの面も活きています。

今も大学で地域包括ケアを研究している友人には、研修会の講師をお願いしています。

僧侶だからこそ担える役割

松本　ふだんの会の流れや雰囲気を教えてください。

下村師　コロナ禍になる前は二カ月に一回、平日十四時半から十六時半まで、ご家族内もしくはお仕事で介護をされている方、過去の介護経験を共有したい方、まだ直接介護に携わっていなくても関心のある方などを対象に、皆さんがそれぞれの思いを話し合う場として開いてきました。

　最初の三十分は自己紹介、その後九十分は隣の部屋へ移って座談会を行います。人数は回によってまちまちですが、十五名から二十名くらいです。チラシや広報イベントを通じて来られる方以外に、参加者の紹介など口コミで来られる方も多いですね。今はオンラインの会を中心にしつつ、様子を見ながら、時々寺院内での集いを行っています。

松本　自死遺族の分かち合いの会などには、遠方から来られる方が多いようですが、同じようなことはありますか？

下村師　介護の悩みも地元では打ち明けづらいことがしばしばあるようです。

香念寺の介護者カフェには二時間くらいかけて来られる方もいます。「田舎だから噂がすぐ広まる」ために、「近所ではとても話せない」、「ここに来ていることは誰にも言わないでください」と言って参加する方もいます。

参加者の割合は今のところ七：三くらいでリピーターが多い印象です。来訪回数を重ねるにつれてご自身の状況などを具体的にお話するようになる方が多く、参加するたびに会への信頼を深めてもらえていることを感じます。

また、実際は介護の最中の方以上に、すでにご両親の介護を終えた方の参加が多いです。介護中には介護福祉士やケアマネージャーの方が家に頻繁に出入りするけれど、介護が終わった途端に誰も来なくなる。その急な変化に戸惑い、何をしていいかわからなくなってしまったとお話される方が少なくありません。

松本　老いて身体が衰えることをタブー視したり、恥ずかしいことと思ったりすることなく、生老病死の当たり前のこととして語れる場を提供することは、お寺として本来的な役割ですよね。

下村師　自坊でやってみたいという住職さんたちのモチベーションとして私がお聞きするとこ

ろは大きく二つです。「人のために何かをしたい」ということと、「お寺の将来が不安だから、とにかく何かやってみたい」ということ。

いずれにせよ、この取り組みはお寺本来の役割そのもので、お寺のような心改まる場所だからこそ安心して話すことができ、その場を提供できるのが僧侶であるということ。僧侶だからこそ世の中に対して担うことのできる部分という思いがあります。

松本　介護者カフェを始めたからって、それが直ちにいわゆる仏事のご縁につながることはないでしょう。しかし地方創生で「地域の関係人口」を作ろうといわれるように、今後、お寺も様々な取り組みを通じて〝関係人口〟を作る努力が必要になります。その時に限られた資源の中で取り組みを絞るなら、「生老病死をめぐるお寺の関係人口」を作るべきであり、介護者カフェはまさにその観点からも優れた営みだと思います。

実践 16 近隣寺院で連携し地域のお寺ファンとつながる

静岡県日蓮宗大慶寺住職

大場 唯央

おおば・ゆいおう　1984(昭和59)年静岡県生まれ。早稲田大学に進学するも20歳を過ぎ僧侶の道に入り、生家の大慶寺住職。日蓮宗声明師・修法師・教誨師。仲間と一般社団法人SACLABOを設立し寺院と地域の関係性のリノベーションを目指す。

打ち上げ花火のようなイベントはやめよう

松本　大場さんは、一人の社会起業家として地域興しの活動に取り組んでこられたことも素晴らしいのですが、最近はそこに僧侶としての立場も加えて、お寺を舞台に活動を広げていらっしゃいます。

大場唯央師　最近の活動は、富士市・富士宮市界隈、岡山市界隈でやっているプラステラスです。日蓮宗の宗務院から「寺フェスを企画してくれ」と依頼を受けたことがきっかけですが、いわゆるお金をかけて有名人を呼んで盛大にやるお祭り的なものにはしたくありませんでした。無意味とは言いませんが、打ち上げ花火では終わった後に何も残りません。せっかくやるなら、何かしら後に残るもの、活かせるものにしたいなと思ったんです。

特定の日、特定の場所に何万人と集まったら、それはそれでアドバルーン的にはいいかもしれませんが、我々のような末端寺院のお坊さんは駆り出されて終わりです。なので、そういう小さなお寺、地方のお寺でも、やった後にちゃんと意味があるような事業がしたくて、参加二十カ寺のあちこちにある小さなものを集める形にしました。

松本　一日で終わる単発のフェスではなく、一カ月間というある程度の期間、小さな催しを集めて連続的に行うやり方は布教伝道という観点からも理にかなっていますよね。

お金をかけて有名人を呼ぶような単発の場合は、参加者の興味関心も「なんとなく面白そうだから」「今日たまたま暇だから」というように薄いものになり、たとえ人が集まってもその先につながる流れを作るのが難しいです。

大場唯央住職

大場師　プラステラスでは、お寺に興味がある層を対象にしたかった。なので無料ではなくあえて有料にして、基本的には事前予約制をとっています。

参加者の数でいえば大規模なイベントより少ないんですが、有料かつ事前予約というハードルを越えて来ている人たちなので、そもそもお寺に好意的な人の参加が多いです。

富士・富士宮エリアのプラステラスでは、初日に少し大規模なフェス的なイベントをぶつけて、その後に続く小規模な複数のイベントとミックスさせました。

松本　有料でのイベントを設定しているところがまた、大場さんらしい取り組みだなと思います。お寺が一方的に負担するばかりの無料イベントだと、予算があるうちはいいかもしれませんが、いずれは続けることに限界が出てきます。また、無料だから人が来るというわけでもなく、有料にすることでかえって人が参加しやすくなったり、積極的な姿勢で参加する人が増えたりすることもあります。

大場師　有料か無料かも含めて、いろんなパターンを盛り込んでいます。松本さんが「お坊さんに足りないのはチャレンジの場である」と昔から言っているように、プラステラスはテストマーケティングの場として使っています。

そのためには、皆が自由にチャレンジできる雰囲気を作ることが大事です。いちいち報告しなくても、どんどんやってみて、というように、なるべく管理しようとしないようにしています。

お坊さんだけでなく、地域の団体や事業者さん、まちづくり関係の人たちも混ざり合ってやっています。

若手僧侶の対話ワークショップを

松本　お寺の良さや強みを活かすには、全く新しいことを始めるのではなく、すでにあるものや、昔からやってきたことに、新しい角度からライトを当てることが大事だと思います。

特に、若いお坊さんたちには、読経とか、掃除とか、普段から自分たちが当たり前のようにやっていることにこそ価値があるということを、お坊さんが実感して、自己肯定感を高めてもらう機会にもなりますね。

ところで、プラステラスの取り組みは、私の「日本のお寺は二階建て」論（一階が檀家を中心とする「先祖教」であるのに対し、二階は広い対象に「仏道」を提供しているという日本のお寺の構造の比喩的表現）でいうところの、複数のお寺の一階と二階をつなぐ「空中回廊」になりうるのも、すごいところだと思います。

大場師　そうですね。プラステラスの参加者は、どこか一カ寺にだけ紐づくのではない富士・富士宮エリア全体のお寺ファンであり、その方たちが集まったウェブサイトの会員グループは

「空中回廊」の役割を果たす可能性があると思います。一カ寺ではできないことを複数寺院が集まって、点と点を結んで面として取り組む意義が、そこにあります。

お坊さんたちの反応は様々で、賛否両論ありますが、今回、とにかくマスコミの取材が多かったのです。社会の側からは、こういう事業が求められているんだなと感じました。私自身はあまり前に出たくないタイプですが。大切なのはプロセス。これまでに複数回、若手僧侶の対話ワークショップを実施した上で、事業を進めてきました。対話の場に学ぶ、というのが大前提です。

松本　最近は宗派の宗務所の中でもそのような対話のプロセスが取り入れられるようになってきたそうですね。若手の活動が宗門の変革にも良い影響を及ぼす流れでしょう。応援しています。

実践 17 お寺を開く秘訣は自らが外へ出てつながること

北海道浄土真宗本願寺派覚王寺住職
保護司

内平 淳一

うちひら・じゅんいち　1982(昭和57)年北海道生まれ。慶應義塾大学卒業、北海学園大学大学院修士課程修了。札幌市浄土真宗本願寺派覚王寺住職。保護司。宗派を超えたグリーフケアや地域商店街理事としても活躍。寺院を核として様々なイベントを実施し広く一般に門戸を開く。

「お寺を開く」とは何か

松本　私の故郷でもある北海道で、お寺を活発に開く若手僧侶の一人が内平さんです。二〇一九年の春に開催した「サッポロオープンテンプル」では、二週間の期間中「あなたとお寺をつなぐ、あなたと仏教をつなぐ」をテーマに掲げ、ＳＤＧｓの学びを中心とした様々なコラボレーションイベントが連続開催されました。

内平淳一師　きっかけは、未来の住職塾でした。塾でつながった玉置真依《たまきしんえ》さん（高野山真言宗・213頁掲載）と朝倉恵昌さん（浄土真宗本願寺派）の、若手僧侶三人のチームで運営しています。それぞれ自坊でやれることはやりつつも、個々のお寺だけではできないことを一緒にやろうと企画しました。札幌、そして北海道全体を巻き込んで、色々な形で誰でもお寺と緩やかにつながれるきっかけを作るのが狙いです。

松本　私がよくお話する「日本のお寺は二階建て」論（一階が檀家を中心とする「先祖教」であるのに対し、二階は広い対象に「仏道」を提供しているという、日本のお寺の構造の比喩的表現）における、複数のお寺の二階をつなぐ「空中回廊」的な取り組みだと思いました。

内平師　サッポロオープンテンプルは、宗派を超えて北海道内の複数のお寺が連携して実施しました。今までも世の中にはお寺とか仏教に関心がある人は少なからずいたと思うんですが、どうやってつながったらいいかわからない。そこで、それぞれの趣味や関心につながるような入り口をたくさん作って、お寺の敷居を崩したかったんです。

松本　宗派の違う三人の僧侶が集まって取り組むということで、苦労もあったのではないですか？

内平師　私自身は、サッポロオープンテンプルを通じて、仏教の教えに出会って、少しでもいいから人生が変わってほしい、生き方が変わってほしいという願いがあります。

このイベントを通じて何をどうしたいのか、参加する人にどうなってほしいのか、準備段階から三人でたくさん話し合ったんですが、「お寺を開くとは何か」という大本の考え方が共有できず、大変でした。

内平淳一住職

でも今は、そうして準備の段階でそれぞれの違いが浮き彫りになったからこそ、良かったとも思います。スムーズに行っていたら気づけなかったこともありますから。

みんなが望むことをやることが大事

松本　サッポロオープンテンプルに限らず、覚王寺さんは北海道で最もアクティブに「開かれたお寺」の一つだと思います。

内平師　こちらから開いているつもりはあまりなくて、お寺を舞台に活動したいという人と一緒にやっているという感覚が強いかもしれません。

たとえば、商店街と一緒にマルシェを開いたり、札幌に常設の寄席を作ろうとしている団体と一緒に落語会を開いたり。私が未来の住職塾をちょうど受講しているときに、札幌市の主催で商店街みらい会議という町の新たな魅力を発見するワークショップが開かれ、皆さんお寺という場に魅力を感じてくれたのが、マルシェが始まったきっかけです。

ドラッカーが説く経営者の条件に「何をしたいかではなく、何がなされるべきかである」というものがあります。みんなが望むことをやることが大事なんだと。ドラッカーが「タイミングが重要だ」というように、未来の住職塾と商店街みらい会議という二つのきっかけが重なってお寺が動き始めたんです。

松本　自分が何をしたいかよりも、みんながお寺で何をしたいかによって覚王寺が作り上げられてきたんですね。「何がなされるべきか」は、言うのは簡単ですが、実際にそれを知るのはとても難しいことです。誰かがはっきりと教えてくれるわけではないですし。感じ取る秘訣はありますか？

内平師　お寺の外の人と関わり続けるしかないと思います。待つばかりでなく、自らお寺の外に出ていくことが大事です。

私は商店街の理事や保護司もやっていて、地域のお祭りにも顔を出します。そういった場に出ることによって、わかるんです。そして、持続可能であるために、思い切って人に任せること。つながりがまた次につながって、新しいものを生んでいくんだなと感じています。札幌という街のサイズもちょうどいいのかもしれないですね。以前は、お寺は自分と関わりのない場、それこそ葬儀とか法事がなければ関わらない場と思っていた人にも、今は様々な活動を通じて自分と関わりのある場だと思ってもらえるようになりました。

松本　誰もが出入りしていい場所なんだという「居場所感」が出ているのは素晴らしいですね。札幌の中でも覚王寺がある場所は、郊外から中心部への入り口でもありますし、改装してラウンジなどコミュニティのスペースもさらに増え、ますます活発になりそうですね。最後に、僧侶としての思いを聞かせてください。

内平師　何をやりたいかとかではなくて、生き方ですよね。和顔愛語じゃないですけど、そういう小さいところに出るんじゃないかなと思います。

人との接し方とか、生き方一つ一つに、仏道を歩んでいることを感じたいです。

二〇二一年一月からは、新たな活動として、お寺発の地域情報誌『あさぶじかん』（A5判・十二頁・年四回発行）を発行しました。コロナ禍にあってイベントの開催などが難しいなか、地元に貢献できることはないかと考え、アフターコロナも視野に入れつつ、地域の方々と共に進めています。

覚王寺発行の地域情報誌『あさぶじかん』

実践 18 お寺の社会貢献活動が地域を元気にする

山梨県曹洞宗耕雲院副住職
河口 智賢

かわぐち・ちけん　1978(昭和53)年山梨県生まれ。曹洞宗大本山永平寺で4年間修行し生家の都留市・同宗耕雲院副住職に就く。精進料理をはじめ未来の寺子屋・子ども食堂・オンライン坐禅を推進。映画『典座―TENZO―』を製作し出演する。

オンライン坐禅会で新しい世界が

松本　コロナ禍でオンライン坐禅会を始めたそうですね。

河口智賢師　二〇二〇年の五月頃から徐々に広げています。自粛生活は心の置き場所がなく、不安になることからオンラインで何か心を落ち着けられないか？　ということで検索されるようです。日本国内だけでなく、欧米諸国に住んでいる日本人の方も参加してくださって、驚いています。

松本　世界中どこにいても不安な時代ですね。

河口師　海外在住で帰国の見込みのない方は日本が恋しくなるらしく、オンライン坐禅会を喜んでくれます。毎週日曜日、坐禅は三十分くらい、般若心経を読んでから二十分くらいお話をさせていただくのですが、いただいた質問に禅語をまじえてなるべくわかりやすくお話しています。そのお話が好評のようです。

松本　参加者にとっては毎週日曜日の生活のアクセントになりますよね。

河口師　この坐禅会への参加者たちとのコラボレーションとして、私自身のオンラインの活動が広がっています。ヨガの先生と一緒にオンラインヨガ坐禅をしたり、経営や金融の分野の方に仏教の話をさせていただく機会もできました。コロナ前には予想できなかったような、新しい世界が広がりました。オンラインにおいてはお寺の地域格差がありません。これまでは、たとえば、「寺カフェやりたい」と思っても、都会と田舎ではハードルが全然違いますよね。でもオンラインの取り組みに立地は関係なく、うちのような地方のお寺にもチャンスがあります。「いつか実際に会う」ことがもっと楽しみになりますし。

河口智賢副住職

松本　オンライン坐禅会の参加者がお寺にきてくれることもありますか？

河口師　ありますし、「行ってみたい」という声もたくさんいただいています。だからオンラインの環境を整えることもすごく大事だなと思っています。たとえば音割れしないようにマイクを買ったり、どうやったらオフラインの空間に近づけられるか？　ということを模索していますね。いかに人が求めていることを届けられるか、環境づくりなども含めてしっかり考えるようになったのは、コロナ禍での学びの一つです。ただ「いい声出そうと思ってお経を読む」ということだけではなく、空間づくりや演出も大事だと気づきました。

誰もが皆はかれない痛みを感じている

松本　これまで力を入れていた「地域食堂」などの活動はいかがですか？

河口師　地域の人たちとお寺で一緒に食事する地域食堂は、やはり中止していました。しかし、これまで作ったつながりを途切れさせてはいけないと、フードバンクさんからいただいた食材やお菓子を「ギフト」という形で配り始めました。自粛によって余ってしまったお土産品など、様々な地元企業から支援品を送っていただけるようになりました。しばらくして、そもそもの「食堂」というアイデンティティを大切にしたいという思いから、二百円のお弁当のデリバリーを始めました。月に一回ですが、百四十食が三十分くらいで売り切れます。

松本　コロナ禍でも「食」の重要性を感じますね。

河口師　これまでは支援が必要な家庭の「食」の助けになりたいと考えてやっていましたが、

コロナによって誰もが皆、はかれない痛みを感じているわけです。家族を癒やしたいというお父さんが頼んでくれたり、外出できない高齢の方がデリバリーを喜んでくれたり、これまで以上に様々な人と食を通じてつながることができたと思います。それによってコロナ前よりも支援が増えました。対策はしっかりした上で、食堂も再開する予定です。

松本　地元の大学生たちもボランティアで活躍してくれているそうですね。

河口師　大学は後期も授業がオンラインとなり、学生たちも疲れや孤独を感じています。しかしお寺が一つの居場所となり、活動が彼らのエネルギーにもなっているんです。学生たちにとって社会貢献意識を強めることが巡り巡って自分へも良い影響をもたらすことを実感できている。これこそまさに利他行だと思います。

松本　学生のうちから素晴らしい経験ができていますね。お寺に多様な力が集まっています。

河口師　今まで「子ども食堂」のような活動は行政からの支援が得難かったのですが、市からの助成も得られるようになりました。それもただお金をいただくのではなく、道の駅などでの地元の生産品の購入に対して援助されるような仕組みで、ちゃんと地域に還元される循環型の助成になっています。県にも相談したところ、設備投資の助成金制度など使えそうなものを教えてくれたり、非常に協力的で助かっています。

松本　お寺が中心となる活動に行政が支援することは珍しいと感じます。

河口師　コロナ禍により経済的に困っている家庭も増え、行政としても必要に迫られていることがありますよね。「地域食堂」のみならず、多世代交流などお寺をハブとして包括的に地域をつなげていくという役割を期待されているのだと思います。市がやっている高齢者の居場所支援の活動についても、お寺でやらせてほしいと依頼がありました。

松本　コロナ禍によって地域で困っている人たちへの支援活動の必要性が増してきているのですね。

河口師　私たち僧侶の役割は、お寺のもつポテンシャルを広げていくことだと思います。これまで土日しか稼働しなかったようなお寺の門戸を開けて、様々な方に関わっていただくこと。自分一人で何かを成し遂げることは大変ですが、皆さんの力を借りればいいんです。これからもお寺の門戸を開け続けていきます！

松本　地域連携・行政連携の先進事例として期待しています！

第2部　これからの時代の僧侶の役割

1　起業・兼業・社会貢献をする僧侶

2　人々をつなぎ〝ともにいる〟僧侶

3　学び合い・研鑽を積む新しい場づくり

1　起業・兼業・社会貢献をする僧侶

実践 19 お寺の「ある」と社会の「ない」をつなげる

奈良県浄土宗安養寺住職
認定 NPO 法人おてらおやつクラブ代表理事

松島 靖朗

まつしま・せいろう　1975(昭和50)年奈良県生まれ。早稲田大学商学部卒業。NTTDATA やアイスタイルでインターネット事業、企業経営に従事。2010 年浄土宗教師となり、13年安養寺住職を拝命。14年にお寺の「おそなえ」を「おすそわけ」する活動を始め 18年グッドデザイン大賞（内閣総理大臣賞)、20年認定 NPO 法人化。

和歌山県真言宗御室派興山寺住職
認定 NPO 法人おてらおやつクラブ理事

福井 良應

ふくい・りょうおう　1983(昭和58)年兵庫県生まれ。慶應義塾大学卒業。博報堂に入社しマーケターとして活動後、2018 年退職。現在は生家の真言宗御室派興山寺住職。京都府立大学、大阪経済大学でマーケティング論講師。「おてらおやつクラブ」のマーケティング・寄附相談担当。

多くの人に支えられているお寺に「ある」もの

松本紹圭　松島さんとは私がインドへ留学している間からメールで交流が始まり、帰国後すぐにお会いして意気投合しました。未来の住職塾の開講の際は、事務局にさせてもらった松島さんが住職を務める安養寺のファックスが鳴り止まなくなりましたね（笑）。その後、今度は松島さんが「おてらおやつクラブ」の取り組みを始められ、塾の卒業生も活動に参加しています。活動は毎年発展を続け、二〇一八年末にはグッドデザイン大賞を受賞。大企業を含めて五千件近いエントリーの頂点となる大賞の受賞は、同じくお寺に関わるものとして誇らしく嬉しいニュースでした。

松島靖朗住職

松島靖朗師　活動を始めた理由は、個人的な悩みでした。住職になったばかりの頃、お寺の法務に集中しながら現場で感じたのは、お寺が檀家さんや地域の人からすごく支えられていること。想像以上だったのは、お供え物の多さです。お寺のご本尊様へのお供えはもちろん、ご自宅の各お仏壇にもお供え物がたくさんある。お参りのたびにそれを「おさがり」としていただいてくるものだから、とにかくお寺には食べ物がいっぱい集まります。もったいないことに、ときに多すぎるくらいで。食べ物に悩むことがないゆえの悩みです。どこかにおすそ分けできるといいよね、と妻と話をしていました。そんな頃、大阪で母子の餓死事件が起きました。あの事件をきっかけにいろんな団体が立ち上がったんですが、私も何ができるか考える中で、自分が悩んでいたことと結びついたんです。お寺の「ある」と社会の「ない」をつなげたいというのが原点です。

福井良應住職

松本　何か新しいチャレンジをすると、必ず人から何か言われるものですよね。仏教界に代表される、長い伝統のある保守的な世界であれば、なおさらのこと。それを恐れるあまりチャレンジを躊躇してしまう僧侶も少なくありませんが、松島さんはどんな風に耳を傾けてきましたか？

松島師　本気でぶつかって来る人の意見は大事にしています。その本気の問いに、自分は答えられるだろうかと。活動当初は「お供え物をお寺の外へ出すなんて考えられない」というお寺さんも多かったですね。自分とは全く違う考えを持っている人がいるという事実に考えさせられました。

松本　「宗派を超えて」の活動だからこそ、考え方の違いも大きそうです。

松島師　超宗派の活動であることを私たちはあまり意識していません。子どもの貧困という課題を中心に人が集まった結果、その人たちがいろんな信仰を持っていたというだけのことです。おてらおやつクラブは、楽屋トークが面白い。同じ活動に集まった人たちですが、活動の意味についてはそれぞれ違った考えを持っています。ＳＤＧｓの「誰一人取り残さない」を大事にする浄土真宗の方もいれば、子どもたちの未来を支えることを立正安国論と結びつけて理解する日蓮宗の方もいます。あるときは、「おまえ、浄土教なのにこの世を良くしようと思うのか？」と突っ込まれることもありました（笑）。私としては、良くしようと思っても良くはならない世の中を知ることで、六道輪廻を超えた極楽浄土や阿弥陀仏の救いがより鮮明になってくる、そのことに気づかせてもらえる活動です。

人間中心から仏さまセンタードへ

福井良應師　現在、おてらおやつクラブは賛同寺院が千六百カ寺となり、宗派や地域を問わず広まっていますが、それでもまだお寺全体の数から言えば2％程度です。それでは二百八十万人いるといわれる貧困状態にある子どもたちの状況が変えられない。そういう中で今回、お寺の業界内だけでなく、世の中に広く認知されるグッドデザイン賞で大賞をいただけたことは良かったと思います。選考委員の先生方も「いいもの見つけた」という感覚だったようで。

松本　福井さんが松島さんとお会いになったのは、前職の博報堂で生活総合研究所の研究員として取材されたのが最初ですよね。お坊さんでありマーケターである立場から、実はお寺やお坊さんが面白い、新しいものを生み出そうとしている、という記事を書かれていました。

福井師　おてらおやつクラブの活動は、マーケティングのモデルとしてもよくできていたんですね。お坊さんだけじゃなく、洋菓子メーカーのユーハイムさんがバウムクーヘンを一万個お供えしたりとか、企業も関わっています。どんなものでも、一度仏さまに預けたら意味が解かれて、流れていく。デザイン業界では今でも「ヒューマン・センタード（人間中心）」が最先端とされていますが、最近はだんだんそれではうまくいかない事象が増えてきているように思います。その中で、おてらおやつクラブの活動は「仏さまセンタード（仏中心）」なんですね。今までの仕組みと違って、人間を超越した存在を中心にぐるぐる回るんです。

松島師　仏さま中心であることに気づくと、中途半端な関わりではいられなくなります。自分自身が今まで以上に、お坊さんらしく振る舞わなければいけない。「すごくいいことされてますよね」とよく言われるけど、実際にはいわれるほどできていないことは自分が一番わかっている。だから日々、自分を律しています。怠けられない環境に身を置くことによって、自分で修行場を作っている感じです。

松本　「仏さまセンタード」って面白いですね。人間中心じゃないから、そこに「仏さま」の目線を一人ひとりが想像する余白が生まれてきます。私は最近、お寺での掃除に力を入れているんですが、掃除も仏さまの環境を整える奉仕活動であり、そのやり方や意味づけは取り組む一人ひとりに委ねられています。だからこそ、人も自由に出入りするし、長続きします。布教でも何でも、現代は押し付けがましくなってしまうとうまくいきません。

福井師　デザインの世界でも「余白」がキーワードになっています。衆生とか檀信徒とか一括りにして、余白のない画一的な答えを押し付けるのではなく、個々に委ねて自分に最適化してもらうことが求められています。

松島師　「皆さんに」のような言い方では、誰も振り向いてくれません。「あなたに」と呼びかけることが大事です。その上で、苦労したのは「参加したいけど、自分に何ができるかわからない」というお寺さんが多かったこと。行動に関しては、余白だけではうまくいかない場合があります。そういうときは、丁寧に具体的にやることを提案させてもらいます。

松本　活動に参加する意義は一人ひとりに委ねられているとしても、アクションはシンプルで共通のものが用意されているのが、おてらおやつクラブの良さですよね。

松島師　ちょっと可哀想だなと思うのは、「これからお寺は社会に向けていろいろやっていかなければならない」という強迫観念を持っている若い和尚さんが多いこと。自分の修行やお経のお勤めそっちのけで、何かしらの社会貢献をやらなければいけないと思っている人がいます。でも、普段からお寺の基本的なことをおろそかにしては、何も生まれません。

福井師　グッドデザイン賞で大賞を受賞して一番想定外だったのは、台湾からの寄附がものすごく多かったことです。受賞直後の寄附の申し出のうち、七〜八割が台湾から、または国内の台湾人の方からでした。「日本に貧困問題が存在するなんて知らなかった」と驚いて、同じ仏教徒の私たちもなんとかしたいと。

贈賞式後の晩餐会のスピーチで、私たちが「おかげさまで寄附の申し出が増えています」というと、会場から拍手喝采。それに続けて「ただし七〜八割が台湾からです。日本は支援する国から支援される国になってしまいました」というと、会場はシーンとなりました（笑）。日本の現状について、大事な問題提起ができたかなと思います。

お寺は後方支援をする団体として

松島師　この活動を通じて大きな意味で世の中を揺さぶっていきたいです。「現実はこうなっているんだ」と気づいてもらいたい。貧困問題が国内にあることを知ってほしい。今回の賞の選考チームがすごいのは、おてらおやつクラブに賞を与えることで、デザインの定義を変えていきたいという意思が感じられることです。仏教というのは世間の大きな流れに対して「そうじゃないんじゃないか？」という逆の提案をする役割があります。

松本　出家とは他人との一切の関係を拒否する世捨て人のことではなく、俗世間の価値観を拒否した人たちが独自のグループを作り、しかもなお俗世間と密接な関係を保ちながら併存していくことであると、佐々木閑先生の『出家とはなにか』にも示されています。僧侶が関わる社会活動だからこそ出せる、社会課題との「ちょうどよい距離感」というのがあるのでは。

松島師　支援先のお母さんと直接、顔を合わせることはあまりないですが、「どこかのお坊さんが自分たちのことを思ってくれていることが、何よりも今日を生きる希望になっています」という手紙を受け取ったことがありました。顔が見えないつながりは中途半端で力不足と思ったこともありますが、私たちのように後方支援をする団体の存在意義もあると思っています。見えないけれど、照らされているという距離感です。

今お金の性質が変化してきている

福井師　最近、久しぶりにドラッカーの『非営利組織の経営』を読み返しています。ドラッカーは世界の非営利組織の原点として「日本のお寺」を挙げています。そして、寄附の重要性を熱心に説いています。

松島師　おてらおやつクラブでは、この五年間で数千万円規模の収入を助成金や寄附、講演活動で集めることができました。年間予算の金額規模は、四百年続く自坊の布施収入を遥かに上回ります。特に賛同者からの寄附がありがたく、できなかったことが少しずつ実現できていま す。よい活動をお金で応援したいと考える人は思った以上にたくさんいらっしゃり、「お金を寄附させてくれてありがとう」と感謝されることもあります。お寺の運営を考える上でも大きなヒントをもらっています。

福井師　私は自坊でクラウドファンディングをやってみたのですが、お金の性質が変化してきていることを感じます。時間は割けないけど応援したいという気持ちを表明する手段に、お金がなっている。今は特に、世の中を良くしていきたいという志に集まりやすいですね。目的を正しく明確にすれば、お金は集まります。お寺が意識しなければいけないのは、残された時間がないということ。スピード感が大事です。

松島師　まだまだやることはいっぱいありますね。若い僧侶は「社会貢献しなければ」という強迫観念やプレッシャーにつぶされないで、本当に大切なことを大事にしてほしいですね。

実践 20 僧侶グループの法人化が地域連携を早める

山梨県日蓮宗妙性寺住職
超宗派僧侶グループ「坊主道」元代表

近藤 玄純

こんどう・げんじゅん　1975(昭和50)年山梨県生まれ。2009年日蓮宗妙性寺住職。15年山梨県内の超宗派僧侶グループ「坊主道」を立ち上げ21年まで代表を務める。16年より一般社団法人「SOCIAL TEMPLE」代表理事。

「自分のお寺」という発想を変えて

松本　「坊主道」「お寺のじかん」、そして「ソーシャルテンプル」と、新しいニュースが次々と生まれ続ける山梨の仏教シーンを盛り上げる立役者、近藤玄純住職（日蓮宗妙性寺）に話を伺います。

近藤玄純師　私が住職になったのは二〇〇九年、もう十二年前です。その頃からお寺のホームページを作ったり、いろいろな人と交流してたくさんの縁を結ぶよう心がけ、自分なりにお寺の改革をやってきました。

しかし減少し続ける山梨の人口問題や、インターネットではなかなか届くべき人に届かない悩みもあって行き詰まっていた時、松本さんと宗派の講習会で出会ったわけです。「お寺の運営」と「信仰」の狭間での二律背反に苦しんでいたところ、講習を受け、そして未来の住職塾にも参加させてもらい、おかげさまで自分の行き詰まりは突破できました。

松本　一人ではできないこともあります。未来の住職塾のクラスを甲府に誘致するなど、僧侶の仲間作りを積極的に始められましたよね。一般の人から、自坊だけでなくお寺の文化全体を見直していただければ、必然的にどこのお寺も存続の可能性は高まるんじゃないか。山梨のオール仏教で頑張ろうとされる近藤住職のリーダーシップが印象的でした。一緒に学ぶと、そのままアクションを起こそうということにつながっていくんですよね。

近藤師　自分のお寺だけが生き残ればいいという考えはありませんでした。未来の住職塾で生まれたいろんな宗派のいろんな地域の人たちとの横のつながりはものすごく有益だったので、それを山梨の同じ地域の中でできないかなと。仲間作り、地域作りをしていったのが、「坊主道」というグループです。

近藤玄純住職

未来の住職塾で甲府クラスを受講した仲間を中心に、今（二〇二一年）は臨済宗、曹洞宗、日蓮宗、浄土宗、浄土真宗の五宗派の十一人ですね。最初は組織作りや勉強会を並行して進めながら、アクションとしてはお寺版の子ども食堂「寺ＧＯ飯」を始めました。月一回の開催で、もう三十回を数え、子どもたちは毎回三十人くらいコンスタントに来ています（現在はコロナ禍のため休止中）。そして県内のウェブサイト制作会社から支援の申し出があり、「お寺のじかん」という仏教メディアが立ち上がりました。月一回の定例会で、他宗の儀礼や法要を学んだり、自分たちを振り返る作業をします。取り組みやすいことからスタートして懇親を深めることを続けています。

松本　そして「ソーシャルテンプル」。規模の大小にかかわらず個々のお寺は人手、お金、時間といったリソースをなかなか生み出すことができず、公益活動がしにくい状態にありますよね。それが一般社団法人として法人化され、横につながった。社名にはソーシャル（＝社会に関わる）という言葉を冠し、お寺を社会に開き、僧侶が積極的に社会に関わっていこうという気持ちが伝わってきます。

社会を遠ざけるのは僧侶の方です

近藤師　坊主道のように複数の僧侶が集まることによって、負担が軽くなり活動の余地が生まれます。社会にコミットするには、ただ人が集まるだけでなく、社会に受け入れてもらえるよう形を整えなければいけませんので、法人化しました。もう一つは、物理的な空間という「身体性」を持たないお寺をみんなで実験的にやってみたかったんです。

堂宇があると、それをいかに維持するかという運営の問題にどうしても囚われてしまいます。自分たちの修行として社会の課題に向き合っていくためには、ハードを持ってしまうとなかなかできないんじゃないかと。

松本　確かに、お寺がもともと仏道修行者の集う場であるならば、最初から伽藍ありきで考えなくてもいいですよね。集まって活動が始まってから、必要に応じて必要なものを加えていけばいいわけで。枠組みを考える前に、まず動いてみたらいいじゃないかと。原点回帰ともいえますし、とても今っぽい感じもします。仕組み作りであり、同時に、自分たちのスタンスをメッセージとして発信することにもつながっています。

近藤師　あるとき、イベントのアンケートに「社会の人がお寺から離れているんじゃなくて、お坊さんの側が社会から離れて遠ざけているんじゃないか」という意見があり、僧侶の我々の方が社会を敬遠してしまっているということに気づかされました。とはいえ、一般社会人の人たちは真剣な人ほどスピード感が早く、ついて行くのが大変。「お坊さん時間」も悪くはないけど、甘んじてはいけません。もっといろんな人たちのハブになり、セーフティネットになりたいです。また、少子高齢化が急速に進む山梨なので、皆がいかに晩年を生きていくかという「高齢者の苦」というテーマに、『ゆくすえサポート』というプロジェクトも動いています。今後の取り組みとしては、お坊さんが関わる地方創生にチャレンジしてみたいと思っています。

仏教の考え方を基本に、私たちだからできることを考え、ローカルにリアルという温度感を注入しながら取り組んでいきたいと考えています

松本　坊主道を始める前の若い自分に今出会えたら、アドバイスしたいことは何ですか？

近藤師　執着しているものを早くたくさん手放しておけと。あの頃から考えれば、今はだいぶ捨てられたなと思えます。まだ全然足りないですけど。サイの角《つの》のようにまずは一人。でも、角の鋭敏な仲間と歩け、と言いたいですね。

実践 21 料理の腕を活かし各地でファンを増やす

神奈川県曹洞宗常泉寺副住職
精進料理講師

折橋 大貴

おりはし・だいき　1989(平成元)年神奈川県生まれ。駒澤大学卒業。曹洞宗大本山總持寺で修行後、生家の箱根町・曹洞宗養食山常泉寺副住職のかたわらオーベルジュ「グリーンヒルズ草庵」の調理師となる。目下、和・洋を問わない「自由な」精進料理講師として宗派を問わず全国で体験イベント開催中。

レストランと副住職との両立は？

松本　精進料理僧といえば、青江覚峰さんや吉村昇洋さんといった私と同世代のお坊さんが、料理本を出版したり精進料理教室を開くなど、以前から活躍してこられました。特に、吉村昇洋さんは『精進料理考』（春秋社）という禅僧による精進料理研究の集大成ともいえる大著を出版されています。そんな中、未来を担う次世代の精進料理僧として、折橋さんのご活動に注目しています。自坊の副住職でありながら、レストランでプロの料理人でもいらっしゃるんですよね。

折橋大貴師　私の地元、箱根にあります「グリーンヒルズ草庵」というオーベルジュのお店で働いております。二〇一六年から、今の職場に入りました。オーベルジュというのは、宿泊施設を持ったレストランです。ホテルに近いですが、食事に重きを置いているので「泊まれるレストラン」といえばわかりやすいでしょうか。

食事のコースの内容によって、宿泊料金が変わるというタイプのお店です。私は、厨房もやるし、ホールもやります。料理としては普通のフレンチなので、お店では肉も魚も出てきます。

松本　レストランの仕事と自坊の副住職はどのように両立しているのですか？

折橋師　お店で出している料理を精進料理にアレンジして、自分のレシピを作ったりして活かしています。

お店では、自分が僧侶だということは隠していないので、お客さんから「和尚さん、ご無沙汰しています」という風に、レストランで働く和尚さんとして親しまれるようになってきました。接客中にいろいろ質問を受けることもありますし、自分のイベントのご案内をすることもあります。

折橋大貴副住職

松本　自坊では副住職として法事、また曹洞宗の僧侶としてよその寺のお施餓鬼やご祈祷に参加することもあるそうですが、最近はそれとは別に、精進料理僧として各地のお寺に呼ばれる機会が増えているようですね。

折橋師　日本全国、宗派関係なく、いろんなお寺に呼んでいただいています。ＳＮＳで私の活動を知ったという方もおられますし、未来の住職塾のつながりで興味を持つ仲間もいます。また、知り合いの住職から口コミで評判が広がることもありますね。ご依頼の内容は、精進料理教室の講師や、お寺主催のイベントでの目玉コンテンツとして声がかかることが多いです。

お寺に招かれてのイベントでは？

松本　最近の例では、川崎市の浄土真宗本願寺派高願寺さんが境内に移築した古民家のお披露目会で、精進料理でお祝いしたいというリクエストがあったとか。

折橋師　三連休の初日と最終日、それぞれ参加者は三十名くらい。浄土真宗のお寺なので精進料理初体験という方が多かったですね。

住職さんが趣味で梅干しと蜂蜜を作っているので、精進料理を食べた後に、曹洞宗では梅湯と呼ぶのですが、梅干しに蜂蜜を入れた飲み物を飲みながら、トークイベントをしました。住職さんが作ったものをいただく経験は新鮮ですよね。

かしこまった講演会と違って僧侶と参加者の距離感が近く、いろいろ気軽に聞けるのが良かったみたいです。「どうやって作るんですか？」「修行はどんなものですか？」「普段、何をしていくんですか？」などの質問を私にもたくさんいただきました。

松本　イベントに合わせて料理を工夫するのがいいですね。

折橋師　依頼主と事前にしっかりと打ち合わせをします。その土地の特産品や、参加者の情報などを聞いて、メニューを考えますね。基本はオリジナルのものが多いです。どのイベントでも、依頼してくださった住職さんが主役ですから、住職さんやそのお寺に縁があるレシピを作ったほうが、私も住職も説明しやすいんです。先日呼ばれた曹洞宗のお寺では、来られる方が主婦層メインだったので、スーパーで買える材料で作るとか、特別な道具が要らないよう工夫しました。

各地に出向き精進料理布教にも尽力中

精進料理のコミュニケーション力

松本　ストーリーを大事にしているんですね。ご自坊でも精進料理の自主イベントを開かれているとか。

折橋師　自坊での催しでは、檀家さん以外に、一般の方も参加されるようになってきています。地元の人と市内から来ている人の交流ができて、だいぶコミュニティがほぐれてきました。全然違う世代の人同士のコミュニケーションも促進されています。同じ体験をする参加者同士、いつの間にかチームワークが生まれ、自然と協力してもらえるようになりました。

いずれは地元の箱根に、朝ごはん専門の食事処を作りたいです。箱根には旅館やホテルはたくさんありますが、ビーガン（純粋菜食主義）とかハラル（イスラム教徒）とかの方に、朝ごはんの選択肢が少ないんです。私としても、朝ならお寺との両立も可能です。

曹洞宗の如法作、つまり「正しく使う」ことを大切にしつつも、精進料理はもともと中国から来た外食産業ですから、あまり堅苦しくなく気軽に楽しんでもらいたいと思っています。

実践 22 僧侶派遣サービス企業で見えたお寺の本質

群馬県黄檗宗宝林寺新堂

海野 峻宏

うみの・しゅんこう　1991(平成3)年群馬県生まれ。成城大学卒業。2014年に群馬県黄檗宗宝林寺新堂。㈱GLOCALマネージャー、観光庁城泊・寺泊による歴史的資源の活用専門家派遣事業準専門家。現職では、寺泊だけでなく地域の活性化も含め、ゲストハウス等の開業、運用支援を行う。黄檗出身のエンジニアとともにsalesforceを活用した寺院向けCRMを開発中。

社会修行として企業に身を置いて

松本　海野峻宏さんは群馬県にある黄檗宗の宝林寺に育ち、後継者となる存在です。現在、主に平日は東京等で働き、週末は自坊で法務、住職の手伝いを行うという生活をされていますよね。

海野峻宏師　一般企業で働きながら、お寺の仕事もするという柔軟な働き方ができているのは、現在、勤めている企業のおかげでもあります。お寺と関わりのある仕事なので、理解していただいています。最初に新卒で入ったのは、インターネットで雇用にまつわるサービスを提供するメガベンチャー企業でした。そこでは、組織の中で埋もれている時期もあり、悩んでいました。いずれは継ぐお寺のこともよくわかっていなかったので、松本さんに突然連絡をして相談に乗っていただきました。印象的だったのは「今までの檀家さんがあるから、今のお寺がある」という言葉です。

松本　当たり前のことですけどね。

海野師　その時は「新しいことが起きる環境に身を置いていなければ、新しいことは起こせない」と考えていました。しかし、どれだけ新しいことをやるといっても、今までの檀家さん（既存顧客）なくしては始まらないことに気づかせてもらいました。お寺は既存顧客をとても大事にする仕事ですよね。もともとは、お寺に活かすための社会修行として就職したので、ビジネス界隈でもう少しお寺に近い仕事を探そうと決めました。次はお寺に近い業界で事業を展開するベンチャー企業に入ったのですが、半年あまりで事業清算という事態になってしまいました。

松本　それは大変でしたね。

海野峻宏師

海野師　人を信じられなくなるような大きな挫折でした。あとから「こうすればよかった」という悔しい思いもしました。その経験から「言葉は選びつつも思ったことは言う」ことの大切さを痛感し、常に何かを学ぶ姿勢で仕事をするようになりました。その姿勢が今の私に活きています。離職から数カ月間経ち、四国お遍路をしていた時に、インターネットの僧侶派遣サービスの会社から声をかけていただきました。
松本　インターネットの僧侶派遣サービスに、なぜあえて飛び込んでみたのでしょうか？
海野師　構造だけみれば、お寺の経済において良い流れを作れる仕組みだと思いました。それまで檀務は、檀家数や葬儀社との関係性による自由度が低いものでした。しかし僧侶派遣の仕組みにおいては、自助努力により件数を増やしていくことができます。また、黄檗宗という少数教団に身を置く僧侶として、他宗派の僧侶と接する機会を得られることや、膨大な数の利用者の声を聞くことができるのは将来の糧となるだろうと思いました。
松本　では、僧侶派遣サービスの事業者と僧侶側がうまく噛み合っていないように見えるのはなぜですか？
海野師　事業者の立場としては、僧侶派遣のプラットフォームを提供するという「お寺ではできないこと」をやっています。一方のお寺側からするとどうしても「使われている」立場となり、主従関係ができてしまいます。でもそれは契約ですから、双方の関係性を理解しなければなりません。その上で、事業者に対して現場視点から仕組みに対する意見をしていかないと、いつまでもギャップは埋まりません。ともすると、事業者はビジネス言語による「空中戦」をしていて、僧侶はお寺言語による「陸上戦」をしています。これでは、お互いの言語理解や情報共有をしないことには、議論のテーブルにすらつくことができません。仕組みにぶら下がるプレイヤーになることでできることは限られてしまいますから、僧侶側も仕組みを作る側に立つことを検討したらどうでしょうか。

松本　私も「僧侶による僧侶派遣サービス」は以前から何かできないかと考えを巡らせています。僧侶派遣サービスでの勤務はなかなか得難い経験だったかと思います。海野さんのこれからのお寺づくりにおいてはどう役立ちそうですか？

海野師　サービス利用者の声を聞くという経験は大きかったですね。僧侶派遣サービスを利用する方の動機として多いのは「今までの人生でお寺（お坊さん）と接することがなかった」や「お寺（お坊さん）と直接やり取りするのがわずらわしい」「葬儀社等に紹介してもらったお寺（お坊さん）が合わなかった」といったものです。それで今の僧侶派遣サービスに頼んだ結果、同じお坊さんに継続的に法事を依頼されるケースもよくあります。つまり大切なことは、コミュニケーションの「量」ではないでしょうか。

たとえば、人口減少とはいえ菩提寺を持たない方々はまだまだ少なくありません。それらの方々から、もし何かあったときに声をかけていただける関係性になっているかどうかは今まで以上に重要なものとなるでしょう。そのために、お寺を記憶の片隅においてもらえるように、定期的な催しやお便りを送るなど工夫はできます。ネットでコミュニケーションの「手段」は多様化していますが、お寺のなすべき本質は変わらないと感じています。

ただ、旧来のやり方だけだと人々は分散してしまいます。コミュニケーション量を保つためにも、私は現代的な「手段」も活用していきたいです。そのためのプラットフォームも現在構想・開発中です。今は自坊にいられる時間が限られているので、寺報やネット発信など「空中戦」を軸としていますが、数年後に自坊に戻ったら対面のお付き合いを重視する地元・地域での「陸上戦」を始めたいと思っています。

松本　確かにお寺の本質として大事なのは、やはり「陸上戦」ですよね。私は最近特に「対話」の重要性を感じています。「空中戦」の一方的なコミュニケーションだけではなく、双方向の「対話」を重ねた人間関係こそが、お寺を支える力になります。社会で揉まれて逞しくなった海野さんの自坊での「陸上戦」楽しみにしています！

実践 23 僧侶の起業が超高齢化社会の一助となる

石川県真宗大谷派乗円寺住職
株式会社歩、ＮＰＯ法人シニア道場樂代表

福田 乗

ふくだ・じょう　1979(昭和54)年石川県生まれ。大谷大学仏教科卒業。広告代理店や人材採用会社で勤務後、34歳で病にある師父を継ぎ金沢市真宗大谷派乗円寺住職に就く。その傍ら現在、株式会社歩およびＮＰＯ法人シニア道場樂の代表。キャリアカウンセラーでもある。

二つの顔があるからこそ聞ける声

松本　福田さんは株式会社とＮＰＯ法人の代表もなさっている〝起業家住職〟ですね。

福田乗師　起業した時はまだ住職ではありませんでしたが、十年前に高齢者向けのパソコン教室を始めました。今は高齢者の仕事づくり・就労支援や人材紹介、ＮＰＯ法人もやっています。私は元々お寺を継ぐつもりでしたが、その前に社会へ出て勉強をしようと思い、リクルートに入社しました。就職に関する仕事をするなかで、定年後の中高年の方が生きがいややりがいを失くしてしまうことは社会問題だと感じていました。

松本　それで高齢者向けの職業訓練としてパソコン教室を開く形で独立されたのですね。

福田師　サラリーマンをしながらだと時間に自由がきかないので、お寺を一緒にやっていくのは難しいという考えもありました。

起業した頃は、お寺は土日だけ手伝えばよかったので、なんとかやれました。去年（二〇一九年）、老僧が還浄してお寺の忙しさが増していますが、今は会社にスタッフが数名いるので私なしでもある程度はまわります。一番忙しかった頃は分刻みのスケジュールだったので、門徒さんの相談をゆっくり聞けないことがストレスでした。お寺のことを中途半端にしたくないので、新しいことを始めるのは慎重にしています。たとえば既に「お寺葬」を始める準備ができているのですが、タイミングをみはからっているところです。

松本　ふたつの顔を持つのは本当に大変だと思います。やっててよかったと感じるのはどんな時でしょうか？

福田師　住職は特殊な立場ですから、いろんな人が気をつかってくださるんですね。お寺さんは別次元の人のように思ってくださる方もいます。寺報での発信や法話をなるべくやわらかくして払拭するようにしていますが、それでもなかなか同じ目線で話すのは難しいです。

福田乗住職

しかし福田乗個人として講演したり就労相談を受けた方が、気軽に仏事について相談してくれます。いいお話もあれば、お寺の悪いイメージも教えてくれます。門徒さんからは聞こえてこないお声です。これは嬉しいし、貴重です。その後、お寺のＨＰ《ホームページ》を見て訪れてくれる方がいるんです。それで新しくなった納骨堂を見学してくださったり。お寺の新しいご縁がそういった形で増えていくことも嬉しいですね。

「僧侶の血」が事業を選ばせる

松本　高齢者向けの事業はお寺との相性が良いですね。そこは狙っていたのでしょうか？

福田師　リクルートを辞めるとなった時、いろんなお声がけをいただきました。たとえばアイスクリーム屋さんとか。アイスは腐らないし、材料費が安くて客単価が高い。石川県はアイスの消費量が全国一だし、絶対儲かるという話でした。

確かにそのアイス屋さんは今とても流行《はや》っています。逆に高齢者向けビジネスは当時見向きもされておらず、周囲からやめておけと言われました。恐らく自分が僧侶じゃなかったら、得意とする若い人の就職支援をやっていたと思います。でもそこで僧侶として何を選んでいくかが大事だと思いました。アイス屋さんになってたらきっと門徒さんが許してくれません（笑）。

松本　お寺に生まれたからこその「僧侶の血」ですね。

福田師　子どもの頃、お寺に来ていたおばあちゃんから「あんた頼むよ」と言われて育ちましたからね。

松本　福田さんのお子さんも同じように育っていますか？

福田師　当時よりもお寺に来る人が減っていますよね。葬儀も昔はお坊さんが多かったので「若さんも是非」と、参加させてもらえたのが良い経験でしたが、息子にはさせてあげられていなかったり、お寺を取り巻く状況もかなり変化しているので、お寺のことをどう思っているか気になりますね。お寺の子であることを不自由に思わせないように、気はつかってきました。自分はお寺の外の社会に出ることにより、見えてきたことも多いので、息子にも一回はお寺の外で仕事をしてほしいと思っています。

松本　息子さんも兼業住職になるかもしれませんね。

シニア層がいきいきと働くお寺を

福田師　ありがたいことにうちはお寺だけでもなんとかやっていけるし、お寺だけで忙しすぎるわけでもなく兼業がやりやすい状態でした。しかしこれからはもっと人口が減っていくので、お寺が担ってきた法務が減ってしまうことは避けられません。今までお寺でやっていた十のことが半分になった時、残りの半分の時間で何をするか？　ということですよね。私はやることが明確なので、焦りはありません。

松本　その姿を息子さんが見ていれば大丈夫だと思います。これからどんなことをしていきたいですか？

福田師　シニアと一緒に働きたいです。今は中高年層の方を企業に紹介する仕事をしていますが、就業先でうまくいかないことも多いのです。様々な方がいるので仕方がないことですが、雇用する側がうまく個性を活かせれば、もっといきいきと働いてもらえるはずです。

うちの会社では六十代の方が二名働いていますが、その方がいることで良いチームになっているんですね。今度はお寺でも新しい仕事を作っていきたいと思います。

松本　シニア層がいきいきと働くお寺、素晴らしいですね！

福田師　課題は自分がますます忙しくなってしまうことなので、今受講している「未来の住職塾ＮＥＸＴ」では、「選択と集中」をテーマに事業計画を書いていくつもりです。

松本　塾での学びも活用してシニアに優しい社会貢献事業を作っていただけたら、これほど嬉しいことはありません。応援しています！

実践 24 コロナ禍のお寺支援サイト「布教使 .com」

香川県真宗興正派善照寺住職
Web サイト「布教使 .com」開設

三原 貴嗣

みはら・たかつぐ　1982(昭和57)年香川県生まれ。関西学院大学社会学部卒業。合成樹脂会社に就職したが丸亀市真宗興正派善照寺住職の祖父の病で2006年同寺住職代務、09年継職。寺院運営の傍ら人気ブロガーとなり、その経験を活かし宗派を超え寺院活性化活動に尽力。

寺院と布教使とのマッチング活動

松本　三原さんは今年（二〇一九年）七月に、全国で活躍する講師ができる僧侶を探せるサイト「布教使.com」を開設されました。経緯を聞かせてください。

三原貴嗣師　新型コロナウイルス感染拡大の影響をうけて、三月以降の法座がほとんど中止となっていました。ＳＮＳを見ていても普段布教をメインに活動なさっているお坊さんが苦しそうで、何か応援できる仕組みがないものか考えていました。

松本　三原さんといえばブロガー住職としても有名です。運営されている「へんもぶろぐ」(https://henmo.net) は最高月間十七万ページビューというすごいサイトで、未来の住職塾に通われていた頃からも異彩を放っていました。やはり得意なＩＴを活用しようという発想でしたか？

三原師　そうですね。人が動きにくい状況ですのでオンラインで解決できることはしたいと思いました。発想としてはお寺の住職として感じていた課題が元になっています。一つは法座の主催者として講師をお呼びする際に布教使（師）さんの選択肢が少ないことがあります。知らない方にどのように連絡をすればいいかわからないので、結局自分の知り合いにしか頼めないという状況がありました。もう一つの課題は、檀家さんに法座の案内をする際に、布教使さんの名前は書けるけどプロフィールがわからないという問題ですね。どんな話をしてもらえるのかなど、布教使さんを紹介できる情報がもっとほしいと思っていました。自分が住職として実感している課題なので、恐らく多くのお寺が同じような感覚を持っているはずだと考え「カタログのように布教使さんを検索できる仕組みを作ろう」と思ったのです。

松本　法座の主催者としての悩みと、もう一方でご講師側の法座機会の減少という悩みがあると気づき、ここをつなげられたらと考えたわけですね。

三原貴嗣住職

三原師　はい。どうやってマッチングさせるかを考えた時に、地域で検索でき、なおかつ講師に直接連絡がつくようにしてあげられたらどちらも助かるだろうなと考えました。しかも仏縁をつなぐことですから、なんとか無料で利用できる仕組みにしたいなと。しかし、マッチングさせる仕組みを動かし続けるので、どこかで利用料を生み出さないとシステムの維持ができません。そこで、布教使さんにもサイト利用者にもメリットがあって、なおかつちゃんと経済的にも回っていく仕組みを作ろうと考えました。

広告主と顧客のニーズにこたえる

三原師　まず考えたのはスポンサー制度です。このサイトの初期の利用者はお坊さんが多いと想像できるので、そういう顧客層を集めたいスポンサーを探すことができそうだと考えました。「誰でもいいから一万人」よりも、「お坊さん一万人」に広告を出すほうが広告主にとっても絶対に効率がいいはずですので。公開してすぐに法衣店と仏具屋さんがスポンサーを申し出てくださいました。仏具屋さんも顧客であるお寺さんから「良い布教使さんとつないでほしい」と言われることがあるようで、自社のサイトで布教使紹介のコンテンツを作ろうと考えておられたようなんです。

松本　広告を出せて顧客のニーズにも応えられるなんて、これ以上の媒体はないですね。

三原師　両者のニーズを満たすサイト設計になったと思います。また、このサイトを維持していくことは日本全国の仏教関係者のためになるはずです。サイトの理念に共感していただけたら、毎月数百円という小額でシステム維持費を支援できる寄付の仕組みも考えています。

松本　まさに護持会費のような発想ですね。

三原師　関わる人みんながしんどくなく維持していけるという方法になればいいなと思います。ちゃんとマネタイズベースで仕組みを考えていかないとシステムの維持はできないですよね。理想論や熱意だけでは長くはもちません。今までもお坊さんの仕事は「やりがい搾取」のような状況が出てきやすかったと思います。もちろん本人がやりたいことであれば良いとは思いますが、継続的に活動していくにはどうしても資金は必要ですし、どのようにお金をまわしていくかということを並行して考えないと駄目だとは思っていますね。

寺の熱意がちゃんとまわるように

三原師　実際、この先、葬儀や法事が勤めにくくなった時にどうやってお寺を維持していくのか？　ということには不安を覚えます。建物の修繕などはすごい金額がかかりますから。たとえば檀家さんが「なんとなく法事を一回やらない」とか、決して悪意がなくともそういったことの積み重ねでお寺がまわらなくなっていくことが想像できるので、危機感はありますよね。自分が贅沢をしたいということではなく、法人を維持するとか広報をする際に今は社会のシステムとしてお金が必要です。そこを熱意と人力だけで進もうとすると絶対に弱っていきます。だから維持していけるような仕組みを作った上で、熱意がちゃんと回っていくようにするのが重要だと考えました。

松本　このサイトはお坊さんの共感や熱意を集められるものだと思います。これからの展望はいかがですか？

三原師　コラムを充実させたり、布教使さん同士の対談動画などコンテンツを増やしていきたいですね。オンライン講義などもできれば、布教使さんが謝礼を得ることもできますし、小額寄付の応援も増えていけば、このサイトで雇用を創ることもできそうかなと。布教使・講師の登録も募集しています。

現在「布教使.com」内に、寺族の方がお寺のホームページを自分で制作できる「お寺のホームページ作成講座」(https://fukyo-shi.com/hp-creation/)を新たに設けました。

松本　仏教界の新たなエコシステムとなるように期待、応援しております！

実践 25　社会課題に向き合う「テラエナジーでんき」

奈良県浄土真宗本願寺派西照寺住職
京都自死・自殺相談センター代表
TERA Energy 株式会社代表取締役

竹本 了悟

たけもと・りょうご　1977(昭和52)年広島県生まれ。防衛大学を卒業し海上自衛隊入隊後、龍谷大学大学院に学び奈良県浄土真宗本願寺派西照寺住職。同派総合研究所研究員となり2010年京都自死・自殺相談センター設立。18年電力小売会社 TERA Energy を設立し代表取締役。

自分がやるとは思っていなかった

松本　竹本さんは奈良のお寺の住職をしながら、認定NPO法人京都自死・自殺相談センターSotto《ソット》やテラエナジーでんき等、社会貢献活動から再生可能エネルギーによる電力小売会社まで多様に活躍されています。お坊さんが電力会社？　と驚く方も多いかもしれません。

竹本了悟師　電力会社をやることになった発端は「仏教と環境」というテーマの勉強会です。付き合いで参加していた私は気候危機についてのプレゼンテーションを居眠り半分で聞いていたのですが、ドイツの村落での事例紹介に目が覚めました。村の六十代のシニアたちが電力会社を立ち上げ、その収益で赤字路線のバスを買い取り無償で走らせているという驚きの事例です。日本でも二〇一六年に電力が自由化されて大きな市場があります。その一部にでも関われれば、ソットの活動資金を生み出すことができるのでは？　と考えたのです。ソットでは相談員を育成して、ちゃんと雇用できる組織にしたいと悩んでいたところでした。

松本　思ったことを本当に実行されているリーダーシップが素晴らしいです。

竹本師　当初は自分でやるとは思っておらず、新電力会社さんと協力して何か仕組みが作れないかと相談しに行ったんです。すると社長さんから「そこまで考えているなら、自分でやったらどうですか？」と背中を押され、結局、三名の僧侶仲間と一緒に起業することにしました。

松本　起業は初めてですよね？　お寺の住職もしながら大変なことでしたね。

竹本師　お寺は小さいのでなんとかやっていましたが、確かに今思い返すとしんどかったですね（笑）。事業計画を立てるのも初めてですし、電力はお金の計算も複雑です。銀行の信用を得るための計画作りがかなり大変でしたが、周囲の方に相談しながら勉強して、なんとか立ち上げ資金を借りることができました。

竹本了悟住職

松本　「自分がやるとは思っていなかった」というところから、人との出会いや言葉によって道を選んでおられますね。

竹本師　私には将来的にこうなりたいという夢はなく、いきあたりばったりで流れに任せ、熱くなったことに専念していたら、今の状況があるという感覚です。

松本　竹本さんならではの軸をお持ちのように見えます。

竹本師　小学生の頃にいじめられて以来、自分が生きる意味を問い続けていたのですが、仏教に出会い阿弥陀仏というあたたかい素晴らしいはたらきがあることを知りました。そのはたらきを世の中の人たちに実感してもらえるような触媒として生きていきたい。その具体的なあらわれとして自死・自殺相談センターの活動があり、活動資金を作りだすための事業がテラエナジーでんきということですね。どこの領域にいても、仏教の考え方は普遍的ですし、役に立ちます。真理を説いているのだと実感します。

松本　ビジネス領域での経験や知恵がお寺の運営に役立つこともありますよね。銀行からお金を借りるのに苦労したこととか。一方で、社会貢献活動もお寺運営と相性が良いです。地域課題に取り組む僧侶も多いですが、竹本さんの視座はもう少し高い位置にあるように見えます。

竹本師　もちろん、お寺にとって地域コミュニティは大切だと思います。しかし田舎は逆に閉塞感があることも事実です。地元コミュニティにあわない人が、自死という選択をしてしまうようなケースも少なくありません。私はコミュニティは多重であることが重要と考えています。自分もそうであったように、地元コミュニティからはじかれてしまった人がつながれるフレームが活用できるといいですよね。

たとえば、インターネットならば好ましい人だけとつながる世界を作れます。お寺は場所や建物に依存したコミュニティだとすると、人に紐づくような古くて新しいお寺コミュニティの可能性も感じています。

仏教者こそが関心を持ってほしい

松本　私はお寺がないのでインターネットのサイト「ｎｏｔｅ《ノート》」上に、「方丈庵」というスペースを作って、オンラインで会話をしたり、オフラインで実際に集まったりもしています。これも私という人に依存したコミュニティの一例ですよね。竹本さんはこれからどのように活動していきますか？
竹本師　テラエナジーでんきは今の時代にフィットする寄付の仕組みとしての形が見えてきました。当初は自死・自殺相談センターの資金を集めるための仕組みと思って始めましたが、お寺の寄付集めの仕組みとしても活用ができます。「寄付つきでんき」は、利用した電気代の２・５％を指定した寄付先への寄付に充てられます。たとえば、檀家さんが菩提寺を寄付先に指定した場合、一般家庭の年間の電気代が平均十二万円なので、一軒につき約三千円が寄付金になります。檀家さんが経営する福祉施設をテラエナジーでんきに変えた事例もあります。年間の電気代がおおよそ一千万円ですから、寄付は毎年二十五万円になります。多く電力をつかう工場や店舗がうちに変更した場合、まとまった額の寄付になります。

松本　檀家さんの多くがテラエナジーでんきに変更した場合、年会費を廃止することもできそうですね。

竹本師　しかも再生可能エネルギーを供給するので、環境にも優しいです。気候危機の問題は知れば知るほどに喫緊の課題です。仏教者こそが関心を持って課題に取り組んでいけるように発信し続けていきます。自死相談センターについても十名以上の雇用を生み出して、単なるボランティア活動ではなく、どこにでも自死について相談のできる場所があるという世の中のインフラを作りたいですね。

松本　マクロな視点で社会課題に取り組む竹本さんの活動を応援しています！

実践 26 シェアオフィスとラジオ体操が地域を結ぶ

栃木県浄土宗光琳寺住職
コワーキングスペース運営
井上 広法

いのうえ・こうぼう　1979(昭和54)年栃木県生まれ。佛教大学卒業後、東京学芸大学で臨床心理学専攻。宇都宮市浄土宗光琳寺住職。東日本大震災を契機に僧侶がネットで答える「hasunoha」(共同代表) を運営。2019 年11月にコワーキングスペース「áret (アレット)」をオープン。

モンクマネージャーとしての役割

松本　先日、アメリカで弁護士事務所をやっている友人から連絡がありました。業務の多忙さや社員の競争関係からオフィスが殺伐としている。日本から「モンク（僧侶）マネージャー」を派遣して、環境のリフレッシュに貢献してもらえないか？　という依頼でした。日本のお坊さんに対して、海外からそのようなニーズが寄せられたことに驚きました。

ところで、井上さんは昨年（二〇一九年）、自坊である宇都宮市の光琳寺にて「áret（アレット）」というコワーキングスペースを始めました。井上さんはそこでまさに「モンクマネージャー」のような役割を果たされているのではないでしょうか？

井上広法師　「áret」にはなるべく普段着で来るようにしています。働いている人たちとコーヒーを飲みながら雑談をしたり、みかんを配ったり、確かに「モンクマネージャー」に近いかもしれませんね。普段、企業などでマインドフルネス研修をさせてもらっていますが、「áret」ではまだやったことがないです。

ここで働いている人たちは何もしなくてもマインドフルになっているので、必要ないのかもしれません。実は設計する時にも色々考えたんです。
まず玄関に曼荼羅をかけて祭壇を置き、お寺の本堂をイメージしました。玄関から続く廊下もわざと暗く狭くしてピリッと緊張する空間にしています。すると人間は交感神経が優位になって緊張するんですね。暗い廊下を抜けると、明るく広く緑のある空間に出ます。すると今度は副交感神経が優位となり、安心した気持ちになるんです。人は短い時間に緊張と安心を経験すると、ゾーン（深い集中）に入りやすくなるといわれています。深い集中を得るための装置として作りました。

建物がコの字型になっているのも、包み込む安心を感じてもらうためです。人間は安心で安全な場所にいると、自分の内面に目がむくようになります。入居しているNPOの代表者が、「áret に移ってきてから、仕事のやり方ではなく、あり方について考えるようになった」と言ってくれました。

井上広法住職

孤独を癒やすローカルコミュニティ

松本　安心・安全の空間に「モンクマネージャー」としての井上さんが存在することで、相乗効果を生み出しているように思います。なぜお寺でコワーキングスペースを始めようと思ったのですか？

井上師「áret」の二階は個人事業主向けに月額固定制のシェアオフィスとして使っていただいています。個人事業主って孤独ですよね。孤独なワーカーと書いて「孤ワーカー」と呼んでいますが、この人たちを「Corporate」の「コワーカー」に変えていきたいという思いがあります。宇都宮くらいの町だと孤独に仕事を抱えている人が多いので「áret」で暖かく包み込んで、ここから次の新しい価値を作り出して地域に還元していきたいです。

松本「áret」にはキッチンがついているので、一緒にご飯も食べられますよね。

井上師　夕方、誰かが近所の精肉店でコロッケをたくさん買ってくるとコロッケパーティーが始まります。共食の場にもなっているんですね。みんなでお蕎麦を食べたい時は、ご近所さんとわさびを貸し借りしたり、働きに来ている人たちが「áret」を中心に地元の人たちとつながり始めています。

松本　「áret」の「孤ワーカー」たちが、光琳寺のローカルコミュニティに接続されつつあるんですね。ローカルコミュニティって要は「顔が見える関係性」のことですが、自分の足元で手触りのあるつながりを広げていくことが、実はお坊さんの一番の社会貢献だと思っています。「顔が見える関係性」といえば、光琳寺では毎月「ラヂヲ体操&朝参り」という〝朝活〟をやっていますよね。

井上師　地元の人たちとの飲み話からラジオ体操を始めたのですが、二回目の開催で『下野新聞』が取材にきて「お寺の朝活が人気です」と書いてくれたので後に引けなくなりました。朝は苦手ですが、私自身が疲れている時にこのコミュニティの存在に助けられることもあり、今ではライフワークだと思っています。

松本　人と人とがつながりを作って、月に一回の交流を重ねているということですが、こういった活動は、人々のウェルビーイングに対してどのような効果があると感じられますか？

井上師　ハーバード大学がずっと続けている研究として、ボストンに住む多様な人々の中でどういう人の健康寿命が長いのか？　という要因を調べています。すると長生きの要因はお金でも地位でもなく、友達の数だったんです。

光琳寺の朝活において、毎月朝六時半に会っている人の顔はもちろん覚えているのですが、実は名前を知らないことがあります。でも、たとえばどこかで偶然その人に会ったとして、その人が困っていたとします。「お金貸してくれる?」と言われたら、私やラジオ体操の仲間たちはお金を貸すと思います。名前を知らなかったとしても、お金を貸せるくらいの信頼感があります。これからの社会に必要なゆるやかなつながりが、ラジオ体操のコミュニティにあると確信しています。

松本 今、世界が不穏な方向へ向かう要素がたくさんありますが、もしクラッシュしても再起動をしなければなりません。再起動する時の基盤となるのは、顔の見えるローカルコミュニティです。お金がなくてもわさびの貸し借りができるわけですから。足元のつながりをちゃんと保っていくことが、お坊さんなどコミュニティを預かる人の大事な役目なのだと思います。

実践 27 住職の多様な〝顔〟を活かして地域に関わる

青森県日蓮宗法永寺住職
認定臨床宗教師

小山田 和正

おやまだ・わしょう　1970（昭和45）年青森県生まれ。立正大学大学院修士課程修了。日蓮宗海外布教開教師として米国に赴きボストン日蓮仏教会主任他。2018年五所川原市日蓮宗法永寺住職。社会福祉法人立正福祉会相談員、認定臨床宗教師、認定スピリチュアルケア師。

大震災を忘れないフリーペーパー

松本　小山田さんは「tovo《トヴォ》」＝宮沢賢治のイーハトヴォ・理想郷からの名称＝という名義でオリジナルグッズを制作し、それらの販売益を東日本大震災の津波の遺児のために寄付し続けています。また、毎月発行してきた『tovo plus（トヴォプラス）』というフリーペーパーは、青森のごく普通のご家族に対し震災についてのインタビューを行い、ついに百号を迎えました。クラウドファンディングの支援で作った百号記念本を拝見しましたが、巻頭挨拶で《僕らは東日本大震災のことを少なくとも百ヶ月間は忘れなかった！》という言葉が印象的でした。

小山田和正師　震災当時、多くの方が「忘れない」と口々に叫びました。私もそう思いました。しかし今朝食べた食事さえ忘れてしまう自分が、「忘れない」と叫ぶにはその根拠が必要でした。「忘れないこと」、そして「寄付金の報告」のためにフリーペーパーを発行してきました。

松本　こうした活動はついつい「お坊さんらしい」と見てしまうのですが、巻頭挨拶の文末には小山田さんの似顔絵があるだけで、名前も肩書も載せていませんね。お坊さんであることは敢えて伏せているのでしょうか？

小山田師　松本さんがインターネット寺院「彼岸寺」を始めた頃、私はまだ東京でデザインの仕事をしていました。当時、松本さんや小池龍之介さんの活動をみて面白い種が出てきたなと感じました。もともと自分が好きだったようなことを、僧侶としてやりだしている人がいると思ったんですね。けれどそれ以前は「実はお坊さんです」と言っちゃうと、相手に少し違った印象を与える感じがありました。どちらかといえばネガティブな……。

松本　当時は「言わないほうがいい」と思ってたのですね。

小山田師　そうです。あの頃から比べたら、今はお坊さんが変わったことをしていても許される社会になってきました。この十年間、色々なお坊さんの良い活動のおかげだと思います。

小山田和正住職

いつか専任僧がいなくなるお寺!?

松本　初めて小山田さんに出会ったのは未来の住職塾ですから、あとから『トヴォ』の活動をなさっているという一面を知って、別の人みたいだなと思ったんです。その他にデザイナーとしての顔、そして臨床宗教師としての顔もお持ちですよね。

小山田師　肩書はどうあれ、何か人のためになりたいという思いが常にあります。デザインも結局、人が困っていることをどう見方を変えてあげるか？　という話ですから、そういう思考が人を助けることにつながったり、お坊さんとしての活動にも役に立っていると思います。

松本　住職としての小山田さんは最近、どうですか？

小山田師　未来の住職塾では、現在でもご活躍されている優秀な方々と同じクラスだったんです。一年間一緒に勉強して、他のお寺と比べてしまうこともあったかもしれませんが、最後に、自分のお寺は「いいところがない」「外部環境的にも厳しい」ことに気づいたんです。

松本　未来の住職塾では、お寺の内部と外部の環境分析をやりますからね。

小山田師　うちはいつかお坊さんが専任でいられる寺ではなくなってしまうかもしれない、とまで想像をした時に「そうなっても仕方ない」と思えたんです。でももし、その時までに地域の中で「このお寺が必要だ」って思えてもらえたら、誰かがなんとかしてくれるんじゃないか、という楽観的な考えになっていきました。今は、そうなるようにとコツコツやっている感じですね。

松本　お寺は誰のものでもなく、皆で支えていく場所ですからね。住職が抱え込んで悩んでしまうのではなく、小山田さんのようなメンタリティは大切です。

田舎は遅れている分、時間がある

小山田師　たとえば、東京など関東圏においては多様な価値観を持った人がいるので、これまでのお寺のイメージになかったような新しい取り組みをやっても一定数の人がついてきてくれるのだと思います。でも田舎では難しいです。やはり遅れている人のほうに、足並みを揃える必要があります。また、危機感にまかせてすぐにお金になりそうな事業をやりだしたら、逆に人が寄らなくなると思います。危機感を根底に活動してしまうと逆効果です。

松本　ビジネスライクな雰囲気って、すぐわかりますよね。特にお寺やお坊さんに対しては、世間からの目が厳しいですし、地方においてはより顕著かもしれませんね。

小山田師　だからまあ、うちは焦らずゆっくりですね。ゆっくりやっていかないと、なかなかついてきてもらえませんし。そういう意味では、田舎は都会に比べて遅れている分、時間があるとも捉えられます。人口減少は都会より早いという心配もありますが。

松本　人口減少による仏事の減少はどこの地域でも免れられません。習慣として仏事を絶やさぬように、現代のライフスタイルにあわせて変化させる必要があるかと思います。一方で、小山田さんの言うところの「このお寺が必要だ」と思ってくれる人との関係を作っていくこと。この大切さに気づいて、これまでのお寺の枠にはまらない活動をしているお坊さんも増えています。そういう意味では、多様な顔を持つ小山田さんの時代がやってきたということです。今後のご活躍にも期待しています！

実践 28 長期思考で地域に信用のインフラを作る

千葉県日蓮宗本休寺住職

岩田 親靜

いわた・しんじょう　1972(昭和47)年東京都生まれ。二松学舎大学中国文学科卒業、立正大学大学院博士課程満期退学。98(平成10)年千葉市日蓮宗本休寺晋山、千葉県2カ寺兼務。同宗現代宗教研究所嘱託。リトミック（音楽）による子供会や写経会、ヨガ教室などを実施。

三カ寺の住職をしてわかったこと

遠藤卓也　岩田さんは千葉県にある本休寺をはじめ三カ寺の住職を兼務なさっています。コロナ禍の状況はいかがですか？

岩田親靜師　やはり法務は減っています。全国的にどのお寺も大変でしょうね。でもいつかはこうなるとは思っていました。三カ寺を兼務しているので、「からだ、もたないんじゃない？」とよく聞かれましたが、「今は忙しいけど、いつまでも忙しいわけじゃないから」と答えていました。そうしたら、今まさにその通りになっています。

遠藤　コロナの影響で、お寺の世界も変化の速度が大きく早まりましたよね。

岩田師　未来の住職塾でも「厳しい時代になってきたのでお寺の限られた資源・資金をちゃんと管理して活動していくべき」という話がありました。私が思うに、とりあえずお寺の建物・設備は立派にしておいて、その上で何か新しい活動をしていこうという考え方では難しい。やりたいことを成すために、必要な資本を投じていくという順序でないと。

遠藤　ただお寺を立派にしておく、ということができる余裕のある寺院も少なくなってきているでしょうね。

岩田師　私の預かる三カ寺はアクセスが悪く資源も限られていますが、色々と活動はしています。施設や設備が十分でなくても、個人のスキルやコミュニケーション力を活かした活動ならやれますから。

遠藤　本休寺では、子供会やオンラインの読書会などに力を入れていますよね。確かに、特別な設備や準備は不要な取り組みです。

岩田師　塩野七生さんの『ローマ人の物語』に、ローマのインフラについて書かれた巻があります。この中で大事なのは「作ったら終わり」ではないということです。作る時に何千年も先までを考えて建設しているし、それからずっと整備し続ける努力をしています。ここから学べるのは、お寺は松本紹圭さんの仰っている「Deep-time」つまり悠久の時間で物事を考える長期思考でいかなければならないということです。我々はつい目

岩田親靜住職

先のことだけを考えてしまいますよね。でも、果たしてそれでお寺は続いていくのかと問いかけるべきだと思うのです。

遠藤　お寺は一代限りのことではありませんからね。

岩田師　次世代にバトンタッチするときに、いかに魅力的なお寺にできるかが課題です。自分の子が継いでくれるかどうかはわからないので、私の後をやりたいと言ってくれる人が出てくるお寺にしたいです。伽藍が綺麗で立派だから後を継ぎたいという線は無理だとして、逆に建物がボロでもお寺をとりまく豊かなコミュニティがあれば、これは引き受けてくれる人が出てくると思うんです。

遠藤　本当に「このお寺を支えたい」「無くなっては困る」という人をいかに増やすかが重要だと思います。

岩田師　先日「千葉市あんしんケアセンター土気」からご相談を受けまして、これまで民家で開かれていた高齢の方々が体操などをする集いを、本休寺でやることになったんです。無償での場所貸しですが、私としては二つ返事で喜んで引き受けさせていただきました。

遠藤　コミュニティの場としてお寺をつかっていただけるならば、願ったり叶ったりですよね。

生活スタイルの中にお寺を組み込んでいただけますし。

岩田師　こうした公益的な取り組みを積み重ねていけば、お寺を信頼していただくことにつながります。

遠藤　小さなことでも繰り返していけば「本休寺を支えたい」と思う方が地域に増えていきます。

岩田師　何もやらなければゼロですが、やっていれば少しでも可能性が出てきますからね。お金をかける活動ができなかったとしても、時間をかける、体をつかうことならできます。それと、素直に思うのは、コミュニケーションがないお寺では、何もできる気がしません。

遠藤　やはりお寺はインターネットの空中戦だけでは成り立たないですよね。

岩田師　社会のスピードはどんどん早くなる一方ですが、お寺くらいは目先にとらわれずに、時間をかけることを恐れないほうがいいのだと思います。今自分がやっていることが有意義であるとか、これが正しい道なんだということの確信はできません。でも信じて、愚直にやっていくしかないんです。特にうちのような小さなお寺にやれることは多くないので、だからこそ研鑽・努力をすることが大事だと思っています。

遠藤　去年（二〇二〇年）の未来の住職塾の受講生がこんなことを言っていました。「十年後、二十年後の未来を見据えた計画書を書くことで、今のアクションを未来につなげて捉えられるので、自分や周囲を納得させることに役立ちます」と。それで、お寺のこれからを考える上で重要と思われることは何でしょうか？

岩田師　私がこのお寺に入ってよかったと思うことの一つは、若くして住職になれたことです。若造だった私が、長い年月をかけて檀信徒や地域の方々と関わってきたからこそ、色々な活動をしても批判されない立場になっている。徐々に状況を良く変えていくためには、周囲の信用と安心が先にあるべきなんです。それがお寺のインフラです。インフラといえば建物や設備と思いますが、お寺に大事なのは信用というインフラです。「この住職の行動には必ず理由があるはず」と思ってもらえる信用のインフラを作っておかないと、新しいことをするたびに反発しかなくなってしまいますから。

遠藤　お寺を長期視点で応援してくれる人を一人でも増やすために、コミュニケーションを丁寧に時間をかけて行っていくということですね。

実践 29 オンラインでもお寺の縁側のような場づくり

愛知県浄土真宗本願寺派教西寺住職・坊守
三宅 教道・千空

みやけ・きょうどう　1973(昭和48)年愛知県生まれ。龍谷大学大学院修士課程修了。中高教諭13年を経て2010年に生家の浄土真宗本願寺派教西寺に帰り17年に住職継職。

みやけ・ちひろ　静岡県生まれ。京都女子大学卒業。1999年に一つ上の三宅教道と結婚し坊守として活動中。

遠藤　教西寺では、ご住職さんご夫妻でテンプルモーニングの活動風景をオンライン配信なさっていますね。

三宅教道師　松本紹圭さんが、朝のお寺に集まって掃除・読経・茶話会をすることをテンプルモーニングと名づけて実施するようになってから、教西寺でもすぐにやり始めました。でも始めてから一年くらいは参加者がいなくて、私一人でやっていました。

三宅千空師　コロナになって自粛生活で生き苦しさを感じている方が増えている中で、何かできることはないかと考えて、テンプルモーニングをオンライン配信しようと思いついたんです。

教道師　コロナで家から一歩も出られていない方が、たまたま見つけて参加してくれました。東京在住の方ですが、コロナ前は日本各地へ行ってお仕事をなさっていたような方なので「家の中から旅した気分になれる」と喜んでくれました。

千空師　お身内を亡くされたばかりだったそうで、ネット越しにお経を聴くことも弔いになると感じていたそうです。

遠藤　心の助けになったでしょうね。

千空師　お掃除をする間は、ネット参加の方には身の回りをお掃除していただくのですが、配信を止めずにお寺の前の掃除風景を映しているんですね。すると、箒で掃く音や鳥の声や風の音、通行人たちの挨拶の声が聞こえてきて「外では変わらぬ日常が続いているんだな」と感じられてホッとされたそうです。

三宅教道住職、千空坊守

遠藤　家にこもっていると、生活の音や日常の音も感じにくくなってしまいますよね。

教道師　他にも東京に住む私の同級生や、東京のお寺のテンプルモーニングの常連さんもオンラインで参加してくれています。多い時は十人以上になることもあります。カメラはオフにして音だけ聴いていているという方もいるようです。

千空師　通勤中に聴いてくださっているのか「これから仕事に行ってきます」とコメントをくださる方もいます。

遠藤　オンライン配信を始める時は難しくなかったですか。

千空師　最初は無理だと思っていました。朝は子どもの送り出しがあるし、お経本を持っていない方にモニターを通じてどうやってお経を見せるかも課題でした。

遠藤　お経は紙芝居形式にして、進行にあわせて千空さんがめくっているんですよね。そのアナログ感がいいなと思いました。茶話会ではどんなお話を？

千空師　最初は本堂のお荘厳の意味などをお話していましたが、だんだんと参加者が自分のことを話してくれるようになってきました。住職がお経参りに出る時間に終わろうとしたら、皆さんが名残惜しそうなので、私だけ残って十一時くらいまで話していることもあります。そのうち住職がお寺に帰ってきて「まだやってるの？」って（笑）。

遠藤　オンラインでもまるでお寺の縁側みたいですね。お坊さんと普通におしゃべりできることも嬉しいと思います。

千空師　教西寺のテンプルモーニングの場を楽しみに待っていてくれる方がいることが、私たちの励みになっています。オンラインの参加者とはまだ実際にお会いしたことがありませんが、コロナが収まったら〝教西寺に泊まろうツアー〟を目標にしているんです。そういう楽しみがあると、未来に希望が持てますよね。

遠藤　オンラインのつながりでも十分に親しくなれますよね。仏事を依頼されることもありますか？

教道師　いくつかご縁がありました。お友達のご葬儀を頼まれたり、十年前に亡くなった水子さんへのお経をお願いされたり。

遠藤　活動の継続が信頼につながります。

千空師　毎月定期的に必ず開かれる場があることの安心感や、亡くなった人のことを自然に話せる良い場であると、グリーフケアを共に学ぶ友人に言われました。

教道師　毎月一日と十六日に開催していますが、当初は定期開催の良さに気づいてくれる人がいませんでした。でもここ一年は、そのことを良いと言ってくださる方が増えました。

遠藤　月二回のお寺習慣ができたということですよね。オンラインでも習慣化できるということがわかりました。

教道師　皆さんにとってもそうですが、教西寺にとっても習慣なので、とにかく続けていくことを目標としています。

遠藤　教西寺さんの開催方法は続けていくために無理のない印象をうけました。手書きの紙芝居でお経を出していることも、きっと得意なやり方だろうなと。

千空師　私としてはパソコンの画面を分割してカメラの映像とお経の文字を出すのは難しくて、手書きのほうが早いと思ったんです。事前にお経のＰＤＦファイルを送ることもできたかもしれませんが、参加者も一つの画面でご本尊とお経が一緒に見られるようにしたかったのです。そういう工夫も参加のしやすさにつながるかなと思いました。

遠藤　参加者目線の続けやすさも考慮されています。

千空師　参加の仕方を選べることもいいと思います。その日の都合、体調、気分次第でお寺に来るのが難しければ、自宅からオンライン参加でもよいですので。

教道師　画面越しでも、お寺やご本尊を見てホッとするという声をいただきます。

千空師　元旦会ではオンラインの方々にもビンゴで参加していただいたり、花まつりの時は「参拝記念印」を作って送ったりしました。「いつか現地で参加したい！」と言ってもらえることが嬉しいです。

遠藤　元々はご住職一人でやることも多かったテンプルモーニングを、オンライン配信することで参加者の幅がぐっと広がりましたね。色々と工夫のしがいが出てきて盛り上がり、習慣のコミュニティができあがったのだと思います。

実践 30　YouTube 法話が新しい自己研鑽の場に

兵庫県真言宗須磨寺派大本山須磨寺寺務長

小池 陽人

こいけ・ようにん　1986(昭和61)年東京都生まれ。奈良県立大学地域創造学部卒業。醍醐寺伝法学院卒業、真言三宝宗大本山清荒神清澄寺の天堂番を経て2014年、真言宗須磨寺派大本山須磨寺寺務長。お寺を生涯学習の場とする活動を展開し17年に始めたYouTubeの法話は再生回数も多い。

一緒に考えていくのが新しい布教

松本　今回は「法話」で活躍されている大本山須磨寺（神戸市）の寺務長、小池陽人さんのご登場です。オーソドックスな法話スタイルでありながら動画サイトのYouTube《ユーチューブ》を活用した新しい伝道チャンネルを切り開く、とても面白い試みをされています。兵庫県真言宗の若手僧侶仲間と法話の会「H1《エイチワン》グランプリ」を開催し、テレビや新聞のニュースでも大きく取り上げられました。

小池陽人師　普通の法話会なんですが、ニュースのおかげで大勢のご参加があり、本当にありがたいです。実は、YouTubeで発信されるお坊さんは私以外にもたくさんいらっしゃるんですね。たとえば、お悩み相談で十万人以上のチャンネル登録者数のお坊さんもいる。しかし案外、そういうお坊さんの存在は、ニュースに取り上げられることが少ないように思います。

松本　メディアに取り上げられる時には、何らかの新奇性が必要です。私はそれには、お坊さん自身が新奇性のあることをやっているというパターンと、お坊さん自身はすごく伝統的な普通のことをやっているんだけど、それをやっている文脈に新奇性があるという、2パターンがあると思います。小池さんの場合は、後者ですね。伝統的な法話の形をずらさずにやっていないがら、YouTubeというメディアを使う新しさがありました。

小池師　私は自分の法話を実家の父に見てもらっています。父は公務員なので、いわゆる一般の人の目線からの意見をもらうんです。父からはよく「唯一、お前のいいところがあるなら、それは、目線が聴いてくださる方と一緒だというところではないか」と言われます。

上から諭すのではなく、「私はこういう教えに出会って、こう考えてみました。皆さんはどうですか？」というくらいのスタンスでやっているので、構えずに聴くことができるのかもしれません。「それをお前が勘違いして、諭すようになったら、良さがなくなるぞ」と言われています。私もそこを忘れないようにしたいです。

松本　小池さんの法話会は参加者の皆さんが「応援したい」という気持ちが強いで

小池陽人寺務長

すよね。それもきっと、小池さんの「目線が一緒」のスタンスから生まれるものなんでしょう。私はどんなお坊さんを目指しているんですかと聞かれた時、「念仏ひじり」と答えています。「ひじり」というのは、お寺にこもっているのではなく人々の中へ分け入って、「目線が一緒」のところで自他の抜苦与楽を実践する僧と俗の間を生きるイメージです。

小池師　私もその「ひじり」のイメージが、現代の僧侶のあるべき姿に近いのではないかと思っています。真言宗の教えが世に広まったのは高野聖の存在が非常に大きかった。

正直に言うと、真言宗の僧侶は出家者なのに、明治に入ってから肉食妻帯が当たり前になってしまい、私はそのことを突っ込まれた時に、すべての言葉が言い訳じみてしまう苦しさを感じます。

一般の人と変わらない生活をしている我々僧侶のあるべき姿として、より一般の方と近い目線をもつひじり的なスタンスが、自分にも相手にも、納得のいくあり方なんじゃないかと思います。「教え諭す」ではなく、「一緒に考えていく」のが、新しい布教なのかなと。

松本　一緒の目線で語ることも大事ですし、一緒の目線で居られる場を作るのも大事ですよね。小池さんの法話会は、「法話を話す人と聴く人」という構図もありつつ、話し手と聴き手が一緒に「番組を作る人」になって、それを視聴する人に届けるっていう構図が入っているのがすごく新しいです。

「背伸びしてもばれちゃうよ！」と

小池師　つい先日、法話会をYouTubeで配信しました。というか、YouTubeで配信する法話動画の公開収録をした、と言った方がいいかもしれませんね。

法話を始める前、テレビ番組のスタジオ収録みたいに、撮影スタッフから参加者の皆さんへ前説が入ります。「笑うところは、しっかり笑ってくださいね」「最後にカットって言うまで、拍手せずにシーンと黙っていてくださいね」とか。で、始める時にも「3、2、1、カチンコ」から入ります。カウントが始まるとピーンと空気が張り詰めて、最後の「カット」の後に、大きな拍手とともに盛り上がる。そこに会場の一体感を感じました。法話会という場を皆さんと一緒に作っているという感覚がありました。

法話は、必ず自分の経験に基づいて自分の言葉で話すことを心がけています。「お大師様がこんなことを言われました」だけだと、ふーん、という感じにしかなりません。瀬戸内寂聴さんがなぜあんなに人を惹きつけるのかといえば、タブーがないからだと思うのです。へんに格好つけないで、素で行っています。父が私に言っていることも「背伸びしてもばれちゃうよ！」ということなんだと思います。

松本　今年（二〇一九年）は宗派を超えた法話の会、「H1グランプリ」の実行にも挑戦されますね。若いお坊さんが一生懸命に法話する姿を、孫を見るような目で見守ってくださる人たちに育てられていく場が生まれることを、楽しみにしています。

実践 31 土地に縛られない学び場「B ラーニング」

福岡県浄土真宗本願寺派信行寺僧侶

神崎 修生

かんざき・しゅうせい　1983(昭和58)年福岡県生まれ。龍谷大学大学院真宗学修士課程修了。福岡県宇美町・浄土真宗本願寺派信行寺僧侶。住職塾やＭＢＡ（経営学）に学ぶ。オンラインを活用した、全国超宗派の学びの場「B ラーニング」を仲間の僧侶と共に運営。

仏教界もオンライン化の波に乗ろう

松本　未来の住職塾を始めてから、塾の学習環境をオンラインに移植することができないか、ずっと考えてきました。最近は講義映像をできる限り録画して、インターネットで後日視聴できるように工夫しています。

しかし、まだまだ双方向の議論などは、参加者のＩＴリテラシーの壁もあってなかなか実現に踏み出せずにいました。

そんな中、神崎さんが未来の住職塾の卒業生の若手僧侶を中心に、「Ｂラーニング」というオンライン勉強会の場を作られて、私も背中を押してもらったような気がします。「仏教界のデジタル化の波を作っていきたい」とメッセージを発していらっしゃいますが、それが当たり前になれば、仏教界ももっとスピーディにいろんなことが進んでいくはずですよね。

神崎修生師　そう思います。松本さんにもアドバイスをいただきながら、二〇一九年一月に寺院関係者の学びの場「Ｂラーニング」を立ち上げました。「Ｂラーニング」という名前には、eラーニングのような「オンラインを活用した学び」という意味を込めています。

立ち上げ以来、主に僧侶や寺族などの寺院関係者を対象とした、オンラインでの勉強会を重ねています。これまで学んだテーマは、ご葬儀やお寺葬、お墓、遺品整理、死生観、防災減災、LGBTQ、アンガーマネジメント、山と祈りなど。お寺に関わりのあるテーマを取り上げ、相応しいご講師をお招きして、オンラインにて学びと交流を深めています。

デジタル化はあくまで手段ですが、オンラインを活用することで、お寺を留守にすることなく、地域や宗派、業界を超えた学び場とつながりが生まれています。

神崎修生師

お通夜の後で参加できる勉強会を

松本　一人で取り組むだけでは、世の中に対するインパクトは限られてきますが、お寺関係者のネットワークを構築してチームで取り組んでいくということが大事ですよね。

しかし、お寺は物理的に土地に縛られているため、これまではチームを作るにしても、どうしてもエリアの制約から逃れることは難しかった。そこに、デジタル化の波が押し寄せて、初めてお坊さんが土地という呪縛から解放されたというわけですね。

実は、このインタビュー自体も今、東京と福岡をＺｏｏｍ《ズーム》という無料アプリを利用してオンライン動画でやっています。

神崎師　まさに、私自身がそのことに困っていました。

福岡にいて、お寺をなかなか空けることができない。通夜葬儀も入りますし、疎かにはできません。一方で、学ぶ機会や交流する機会が、地元にいるとどうしても限られてきます。そこにニーズがあると思ったんです。他の方も同じように困っているんじゃないかと。

お寺に対して課題意識を持っている方ほど、学ぶ意欲はありながらも、自坊のこともちゃんとやらなくちゃいけないと思うから、お寺を空けられないということになります。

松本　その点、Ｚｏｏｍなどのオンライン会議ツールを使って夜に勉強会を開けば、問題は解決されます。夜の九時以降などでしたら、お通夜が終わってからでも参加できます。

小さいお子さんがいらっしゃる方は、寝かしつけてからでも。一対一の動画通話だけでなく、全国十カ所、異なる地域から同時につないで、画面に全員の顔を映しながらのミーティングなども、十分に使えるレベルですよね。皆さん、使用に抵抗感はないですか？

神崎師　二十代～三十代前半の方とかは全然抵抗なく使っていらっしゃいますが、世代間でかなり意識差がありますね。

ある時、Ｚｏｏｍで会議しようと提案したら、年上の方から「ちゃんと会って喋った方がいいんじゃない」という反応がありました。でも、使っているうちに「Ｚｏｏｍでいいね」となりました。単純に、食わず嫌いです。一回使っていただければ、みなさん、すごく便利に思っていただけるんじゃないかと思います。

「オンラインのお寺」もあっていい

松本　仏教界に、新しい習慣を作っていく、ということですよね。個人レベルであれば、今時みなさんスマホを持っていますし、大半はやれる環境があるわけです。でもこれまで、仕事でスマホを使ったり、メッセンジャーやオンラインの会議システムを使ったり、そういう習慣がなかっただけで。他の業界に行けば当たり前に使っているものを、仏教界が取り入れない手はありませんよね。本山の会議などにも導入されれば、ものすごいコスト削減になるのではないでしょうか。

神崎師　今はまだ、コミュニケーションに限定した部分でデジタル化と言っていますが、「オンラインのお寺」のようなものも、もっとあってもいいのかなと思います。

インターネット寺院といえば彼岸寺（higan.net）がありますが、もっとオンライン上に仏法があふれていてもいいんじゃないかと。そうすると、お寺や仏教にもっと気軽にアクセスでき、身近なものとなると思います。

一方で、これからデジタル化が社会全体に進んでいきますから、皆、運動不足になったり、家事の時間が大幅に減って、常に思考過剰の時代になるでしょう。これからは仏教の「中身」そのものが求められるでしょうから、デジタル化で色々なことを効率化した上で、しっかり中身を準備したいですね。

実践 32 お寺同士が本音でつながる「てらつな研修会」

北海道高野山真言宗仁玄寺副住職
任意団体「てらつな」代表

玉置 真依

たまき・しんえ　1988(昭和63)年北海道生まれ。京都大学教育学部卒業、同大学院教育学研究科修士課程修了。余市郡仁木町高野山真言宗仁玄寺副住職。北海道における、宗派を超えた〝お寺さん〟同士の、また他業種の方との〝つながり〟を深めることを目的とする任意団体「てらつな」代表。

有意義なつながりを目指して

松本　「たまちゃん」の愛称で老若男女に親しまれる玉置真依《たまきしんえ》さん。北海道の中でも私の故郷と同じ後志《しりべし》管区の仁木町にある高野山真言宗仁玄寺の副住職として檀務を勤める一方で、様々な活動に取り組まれています。

118頁にご紹介したサッポロオープンテンプルでは、内平淳一さん（浄土真宗本願寺派覚王寺副住職）と一緒に企画に携わられました。そして二〇一九年からは北海道の宗派の異なるお坊さんたちによる「てらつな研修会」を主催されています。

玉置真依師　第一回の「てらつな研修会」では、副題を「〜ソーシャル・キャピタルとしての〝僧侶のつながり〟〜」としました。ソーシャル・キャピタルとは、「人と知り合う、つながること自体が、その人自身の生きる力になる」という考え方のこと。研修会の副題にしてはかなり長くなってしまいましたが、「この自主研修会を繰り返すことで、いずれ参加者のあいだに有意義な『つながり』が生み出せたらいいな」という私たちの願いを込めています。

二〇一九年五月の第一回に続き、同年十一月には第二回を開催させていただき、研修会としての継続の一歩が踏み出せました。

松本　『人口減少社会と寺院 ～ソーシャル・キャピタルの視座から～』（法藏館、二〇一六年）や、『月刊住職』の連載でもおなじみの、北海道大学大学院の櫻井義秀先生が全面的に協力されているそうですね。第一回は北海道大学・百年記念館にて三十名ほど、第二回はコンサートホールにて四十名ほどのご参加があり、好評を博しています。実現までの道のりを聞かせてください。

玉置師　きっかけは一般社団法人リヴォン主催「僧侶のためのグリーフケア連続講座」でした。超宗派でお寺さんに共通の、なおかつこれまで主題化されていなかったテーマとして、グリーフケアを学び合うというのがすごく良かったんです。仏教とは違った蓄積を経てきたテーマに相対するので、僧侶同士の一体感を感じつつ、宗派の違いも感じつつ、楽しく学ぶことができました。リヴォン代表の尾角光美さんのスタンスとして、相

玉置真依副住職

手のことを大事にしながら聴き合うので、喧嘩することもなく（笑）、札幌の様々な宗派のお坊さんとつながれました。

松本　そして二〇一八年、未来の住職塾の札幌クラスが開かれました。そこでも玉置さんは毎回、必ず懇親会を開いてクラスの仲間をつなぐ役目を果たしてくれていましたね。

関心のない人にも仏教を届けるために

玉置師　未来の住職塾では、書きかけの計画書をお互い交換しながら聴き合うコーチングの回がすごく良かったです。外から見ると「あそこは何の問題もないに違いない」と思えるお寺でも、悩み、苦しみ、辛いんだということがよくわかりました。そして、最後の計画書発表の時に、同期の仲間の一人が「授業も、懇親会も、宗派の中では喋れないことが話せてすごくいい。でもそれが、もうなくなっちゃうのは寂しい」って言っていて。

松本　そういう場所を、自分が主体となって作ろうと思われたんですね。

玉置師　同じ宗派の先輩や、つながりのある他宗派の人など、僧侶四人で集まった際に「心あるお坊さんが集まる場が欲しい」「お坊さんの気持ちはお坊さん同士で解消しなくちゃダメだ」というアイデアが出て、そういうつながりや場が作れたらいいなと思ったんです。でも信頼関係は一朝一夕にはできません。そういう場を続ける中で、少しずつお互いのいいところが出るといいなと思いました。

松本　玉置さんの企画では、僧侶が手垢のついた言葉ではなく、本音で喋ることを大事にしていますよね。

玉置師　私は高校生の頃から山田ズーニー先生の『おとなの小論文教室。』(河出書房新社、二〇〇六年)を愛読しています。先生は表現について「うまいに越したことはないけど、うまい下手じゃなくて、人が考えて考えて考えて出した本音は、それだけで人に伝わるんだ。底の浅い正直じゃなくて、本当に深いところから言いたいことを言うのが、すごくいいんだ」と教えてくださっています。

僧侶として仏教を伝えなければと思うのですが、私がお寺の世界で慣れ親しんだ言葉は機能不全を起こしているように感じます。今、仏教に関心のない人に仏教を届けたいならば、僧侶はまず、他の領域と出会いつつ自らを見つめ直した上、腹の底から出てくる言葉で仏教を表現できた方がいいと思います。

松本　それが形になったのが「てらつな研修会」ですね。他宗の研究所からも調査の方が来られるなど、注目を集めています。

玉置師　今「てらつな研修会」は私一人のものではなく、皆の本当に大事な仕事なんだと思うようになりました。

ある他宗派の先輩に「正直、この会に誘えるほど意識の高い僧侶がうちの宗派にはいないのが悲しい」とまで言われたことがありますが、確かに危機感や問題意識を持って外とつながる必要性を感じている方が多く来られます。「てらつな研修会」では、排他的なリアクションはせず、学びを共有した上で自分の思いを話す、文化づくりを大切にしていきたいと思っています。

実践 33 寺院運営の型をときほぐす「未来の住職塾」

元三井物産社員
浄土真宗本願寺派僧侶
木村 共宏

きむら・ともひろ　1972(昭和47)年神奈川県生まれ。東京大学工学部卒業。三井物産に18年間勤務した後、コンサル業の傍ら鯖江市地域おこし協力隊も務める。2017年浄土真宗本願寺派で得度。現在同派企画諮問会議委員、築地本願寺首都圏開教企画推進会議委員、未来の住職塾講師、企業の役員等。

古の教えを大切にビジネスを

松本　木村さんは、東京大学卒業後、三井物産でＩＴ、船、そして人事を経て、満十八年で独立。現在は複数の企業の顧問やコンサルティングをされています。並行して、福井県鯖江市で地域おこし協力隊として地域社会の活性化のためにも活躍してこられました。また、二〇一七年には仏縁あって浄土真宗本願寺派で得度。未来の住職塾の講師も務められています。

木村共宏師　「ブッサンからボウサンへ」が最近の私のキャッチコピーです（笑）。

三井物産の十八年は、自分を鍛錬する人生修行の場でした。ひとことで言うと「大人になる」こと。たとえば、忍耐。子どもの時は、目の前にあるお菓子を我慢できずにすぐに口に入れてしまいますが、大人になる過程で誘惑に引っ張られずに、すべきことができるようになる。忍耐を身につけ、すべきことをして、信頼を高めることが、大人への第一歩。その上で、したいこととすべきことを重ね合わせることが、大人への第二段階です。この段階では、頭を使わなければなりません。

いろいろと工夫を凝らし、したいこととすべきことのズレを長期的に埋めていく。頭の中で考えて行動し、失敗して、直して、熟成していくプロセスを繰り返した結果、自分のキャパも広がったように思います。

おかげで今、いろんな方や企業からご縁をいただいています。

松本　商社というのは、人が財産ですよね。人との出会いは大きかったのでは。

木村師　商社で「本物の人」というべきハラをくった人に出会えたのは大きかったですね。親しかったある国の財閥オーナーは、お金があるために親戚を殺されるような経験もしており、お前は敵か味方かと迫ってきます。理屈をこねるだけでは通用しない、命がけの真剣勝負です。

木村共宏師

財産があると、命を狙われたり、騙されたり、裏切られたり、と大変です。そうすると、人を見抜く力が必要になります。本質を見る力が求められます。

自分も物事の本質を追い求めた結果、それが仏教に通じていることに気がつきました。ビジネスでは一義的にはお金を稼ぐことが目的になるかもしれませんが、本来、生きる上で一番大事なものは何かといえば、お金ではない。

本質への問いを深め、自分なりにたどり着いた答えは、すでに古《いにしえ》の言葉にあった。自分が本質を考えてきたところと、仏教が重なってきたんです。

松本　なるほど。しかし、仏教の智慧に学ぶことと、自ら僧侶になることとは、飛躍がありますよね。

木村師　それに関しては実際に飛躍していまして、ある方から唐突に「あんたはお坊さんになった方がええよ」と言われたんです。

その時すなおに「ああ、そうだろうな」と思い、肯定的に返事したらその場でお寺に電話されました（笑）。自分の家系にお寺があったわけではありません。でも、違和感なく、自然な流れでした。

というのも、もう何年も前から、古の教えを大切にビジネスをしていく必要があると考えていたからです。これからはビジネスをしていく上でも、古の教えと現代の知恵の融合がバランスのいいアプローチになります。僧侶になることで、それをわかりやすくストレートにやれるんじゃないかと。

「恐れない皆さまへ」

松本　僧侶になったことで、ビジネスに生きていることはありますか？　物産時代も含めて、「人を育てる」ことに人生の大きな部分を費やしてこられました。

木村師　ビジネスの世界で宗教を前面に出すことはしませんが、「利益がすべてではない」とか「長い目で取り組んでいこう」といったメッセージは、自分がコンサルや企業顧問であると同時に、僧侶でもあることから、よく耳を傾けてもらえているように思います。

とはいえ、伝えることは簡単ではありません。企業の社長はもちろん、地方自治体の職員や市民など、様々な方と関わらせていただいていますが、私のスタイルはハンズオン（一人一人に寄り添って丁寧に個別指導していく）です。置かれた状況も抱えている課題も、皆違いますから、対機説法ですよね。

松本　そして今回、未来の住職塾の講師として、僧侶向けの人材育成にも取り組んでいかれます。

木村師　僧侶というのは本来、世の中の変化に最も柔軟に対応できるはずの存在だと思うんですよ。諸行無常、一切は変化する。その道理をよくわかっている人は、本来すごく頼りになるはずです。

これからの社会変化を見据え、新しい生き方を提案できる人が諸行無常を解する僧侶なんじゃないかと思います。失ってはいけない大切なものを見据えながらも、変化を恐れず、前例にこだわらず、現状に固執せず、変化に敏感になって、未来を読み、行動を起こすべきです。私は以前、異業種の仲間が集うコミュニティで、仲間内のメールの頭に「恐れない皆さまへ」という言葉を必ずつけていました。どんな人でも組織に何年も入っていると、自分の意見が言えなくなってきます。恐れを取り除き、型をほぐすことが大事です。

松本　お坊さん同士も無畏施ですね！

第3部　みんなに喜ばれるお寺になるために

遠藤卓也

1　実践事例から学ぶ

2　計画を作り実践する

1　実践事例から学ぶ

第3部では「みんなに喜ばれるお寺になるために」と題して、これからの時代において求められる、お寺やお坊さんのあり方について検討していきます。

私、遠藤卓也は未来の住職塾がスタートした頃から運営に携わり、これまで七百を超えるお寺と関わりを持ってきました。近年では「お寺の広報」をテーマに研修講師を務めることや、全国各地のお寺の活動事例を「ケーススタディ」として紹介させていただく機会も増えてきました。まずは、第1部と第2部での事例を振り返りながら、「みんなに喜ばれるお寺」像を考えてみたいと思います。

喜ばれるご葬儀

二〇二一年九月に横浜市のお寺さんが、とある大手葬儀社の担当者から「今日は十二件の依頼がありましたが、葬儀式を行うのは三件のみです」と言われたそうです。都市部で進む「仏事の簡略化」の一端が垣間見えるエピソードだと感じます。特にコロナ禍の影響は大きく、小規模な家族葬が当たり前になり、直葬も急増しています。そのような状況で、愛知県の曹洞宗西光寺の小原泰明さん（実践3）は自坊の本堂で「お寺葬」をやってみた実感として「新型感染症への対応という点においては、世の中のニーズと合致しています。プライベート感を保ちながらゆっくりと送ることができますし、本堂という空間の持つポテンシャルを最大限に発揮できるのがお寺葬です」と話していました。

大阪府浄土真宗遍満寺の河野清麿さん（実践2）も数年前から「お寺葬」に力を入れていますが、お寺の労力はそれなりに大きいものの、お寺葬をなさったご家族とは強い信頼の絆が結ばれると感じています。葬儀社との関係性などから、すぐに実施できるというお寺は多くないかもしれませんが、コロナ禍でみんなが困っている今だからこそ、ご遺族に喜ばれる葬儀の形として検討すべきタイミングだと思います。

鳥取県曹洞宗清元院（実践12）では、葬儀の打ち合わせの段階で「昔ながらの葬儀」か「参列者も参加できるわかりやすい葬儀」かのどちらかを選んでもらっていますが、九割五分の方が後者の参加型のお葬式を選ばれるので、読経や作法を導師と一緒に行うような参加型の葬儀が求められていることがわかります。

式次第の説明や、戒名に込めた願いや意味を印刷してお渡しする等の工夫も喜ばれます。西光寺の小原さんは「オーダーメイド」という言葉で表していましたが、故人のことを考えて「みんなで作るお葬式」はとても理想的。丁寧に取り組むことでお寺の真心が伝わるためか、新盆のお布施が増えたというご報告もありました。

お寺によってやり方は千差万別になりますが、実施する寺院が増えることで「お寺葬」「本堂葬」といった言葉が一般化していく可能性も大いにあるでしょう。

新しい生活様式における法要・棚経・月参り

コロナ禍はお寺のお盆の風景も一変させました。棚経にまわれない、合同法要に集まれないという悩みです。お盆は個別分散化の方針で乗り越えたお寺が多かったように思います。

棚経は「どうしても来てほしい」というお宅に絞り、そうでない方のために家族単位での個別法要をお寺で勤められる期間を設ける。期間中はお寺での待機が必要にはなりますが、棚経が減ったので身体的には楽になったという声がありました。棚経は減っても、お寺まで個別にお参りに来てくださる方があるのでトータルの件数としては横ばい、または微減程度だったと胸をなでおろしている様子も見受けられました。檀信徒からの反応としても概ねは変化に対して好意的な声が多かったとのことです。

「家まで来ていただかなくてもいい」と思っていても、お寺さんに断ることはできないというご家庭は少なからずあったはずです。お付き合いのスタンスを再検討するよき機会であったと思います。葬儀も同様でしたが「自分で選べる」形になっていることは、今の時代では当たり前ですし、むしろ「それならば自分で考えてちゃんと参加したい」と思わせるきっかけにもなっています。

合同法要も、たとえば一日一座だったものを、二座・三座と増やし、分散して来ていただく工夫が見られました。大阪府の法華宗法華寺（実践8）では、檀家さんから「このほうがゆったりお参りできていい」と好評で、コロナ前には思いもよらなかった発想でお施餓鬼を改善できたと、良い手応えを感じられていました。

お寺が当たり前と思って毎年続けていることが、果たして今の人々の価値観やライフスタイルに合っているのかと、参加者の目線で問い直してみることは重要だと思います。

「みんなのお盆法要」が示す弔いの可能性

愛知県真宗高田派正太寺（実践7）で行われている「みんなのお盆法要」は、参加者目線での問い直しから生まれたともいえる法要です。「四回忌、五回忌もあっていいはず」という声に着想し、静岡県真宗大谷派正蓮寺（実践5）で実施している法要を参考にしました。お寺にご縁のある方はどなたでも参加できて、あらかじめお申し込みいただいた方へのご供養を行います。

これを見て、「誰でもが、誰をも想い、勤められる法要」といった可能性を感じます。家とは関係なく、誰かの弔いの気持ちの受け皿になるので、家族葬や密葬の増えている昨今における「あいまいな喪失」への一つのグリーフケアの形として、これから多くのお寺に広がる可能性に期待しています。

年末年始は地元でお参りする傾向に

次に、コロナ禍の年末年始を思い出してみましょう。毎年、その賛否が話題となる除夜の鐘撞《つ》きですが、コロナ禍の鐘撞きは寂しい光景でした。私は近所の日蓮宗寺院にお参りしましたが、総代役員さんたちのみが交代で撞く様子を、周囲からディスタンスをとりながら眺めるといった形です。また別の寺院では、住職が鐘撞きをする様子をオンライン配信するという試みも見受けられました。

初詣では密を避けて、混雑が予想される有名寺社へは参拝しない傾向があったかと思います。逆に、地元の寺社に目が向きました。たとえば、神奈川県日蓮宗妙法寺（実践6）では、従来のお正月とは変えて紅白幕を使用したり、のぼりを立てるなど「初詣感」を演出してみたところ、檀信徒だけでなく近所の方々がお参りしてくれるようになったそうです。

例年よりもお守りが多く出たという報告も聞きましたが、授与品にも工夫が考えられます。青森県の真言宗豊山派普賢院の品田泰峻さん（実践9）は、二〇二一年からお守りを用意するようにしたと語っておられました。デザインは奥様にまかせて女性が気に入ってくれそうなお守りを自作したところ、かなり喜ばれている様子があったとのこと。その成功を受けて、授与品については引き続き試行錯誤していくと仰っていました。

伝統行事に光をあてなおすこと

長崎県真宗大谷派正法寺の坊守・長野文さん（実践4）は、メンバーが固定化してマンネリになっていた勉強会をワークショップ形式の報恩講として転身させました。まさに伝統行事のイノベーション事例です。伝統的に続けてきた学習会の意味合いと、根底に流れる想いは変えずに「光をあてなおす」ことをなさったのです。タイトルは「行いがわたしを導く時間」として始めてみたところ、いつも盛況で、頼んでもいないのにケーブルTVが取材に来てしまうほどだそうです。

浄土真宗には珍しく、「身体性」に重きを置いた月替りのワークショップですが、それが特に女性たちに喜ばれています。解散寸前であった勉強会が、新しい形の「報恩講」に生まれ変わったのです。

どの宗派でも宗祖法要を大切にお勤めされていますが、参加者目線から光をあて直してみることで、その意義を大切にしながらも楽しんでもらえる催しとしてアップデートすることができそうです。

工夫のしがいがある新しいお墓の形

お墓の事例としてユニークだったのは、埼玉県の浄土真宗本願寺派西照寺の網代豊和さん（実践1）が考案された「レンタル墓」です。納骨堂を「分譲マンション」とたとえるならば、「戸建て賃貸」に近いイメージの仕組みになっています。お墓選びの意思決定はなかなか重いことですが、契約期間は十年なので「試しに入居してみよう」と気軽な気持ちで、お寺とのお見合い期間を持てる点が喜ばれています。レンタルとはいえ、お墓を持とうと考えた方なので法事などもしっかりお勤めされるそう。お寺としても十年で更新がなければ撤去やリサイクルなど自由にできますし、ゆくゆくは「お墓のシェアリング」のような可能性もあると考えると、これからの展開が非常に興味深い取り組みです。

お墓に関しては、網代さんのように現代の人々の困りごとやニーズに合わせて新しい形を検討していく余地がありそうです。みんなに喜ばれるお墓とはどのような形でしょうか。今後も様々な事例に注目していきたいです。

鳥取県浄土真宗本願寺派の光澤寺（実践14）は、一日一組限定の宿坊が評判を呼んでいるお寺です。「やずブータン村」というイベントを年に一度開催していたら、ブータンのプリンセスが来訪するまでになりました。宿坊とブータンで着実にファンを増やし、新しいご縁の方が樹木葬や納骨堂を選んでくれているようです。少子高齢化の進む過疎地域でも、「お寺の名物」を作り出して地道にファンを増やしていけば、遠方からでも「ここに眠りたい」とお墓を求めてくれる方がやって来るのです。

お寺の社会貢献が信頼を作る

千葉県日蓮宗本休寺の岩田親静さん（実践28）は「公益的な取り組みを積み重ねていけば、お寺を信頼していただくことにつながる」という考えのもと、地元のケアセンターの集いに会場提供するなど、地域との連携を積極的に進めています。

山梨県曹洞宗耕雲院（実践18）が取り組んでいる「地域食堂」などのボランティア活動は、市からの助成金をはじめ、様々な支援を受けています。お寺中心の活動に行政が支援することは珍しいかと思いますが、河口智賢さん曰く、コロナ禍で経済的に困っている家庭が増え、行政としても必要に迫られている背景があるとのこと。お寺がハブとなり包括的に地域をつなげていくことが期待されている側面もあるようです。

同じく山梨県で複数のお寺が協力しあって展開している子ども食堂「寺ＧＯ飯」や、お寺の建物の広さを活かしてフードパントリーを行っているケースもあるようです。賛同寺院が千六百カ寺を超えたという「おてらおやつクラブ」（実践19）は、日本だけでなく海外からも寄付が集まるような大きな活動になってきました。

とあるお寺の寺嫁さんが言っていましたが、最近は「子ども食堂を始めたいので場所を貸してほしい」という主婦の方や、他にも地域で何か社会貢献的なことをやるなら「お寺に相談」という方が増えてきているそうです。お寺が課題意識を持って主体的に取り組む活動も素晴らしいですが、「何かやりたい」という人に場所や機会を提供するだけでも、一つの社会貢献活動になるのです。

お寺ならではの安心安全の場づくりが人々の助けに

複数のお寺が連携していくダイナミックな社会貢献活動だけでなく、お寺という安心安全の場だからこそ可能な社会貢献活動もあるはずです。たとえば、東京都浄土宗香念寺（実践15）で行っている「介護者カフェ」はまさに、単独のお寺でも実施できる活動です。打ち明けにくい悩みもある介護者たちが、お寺という場だからこそなんでも話し合える場を喜んでいます。この取り組みはリピーターが多いという特徴があり、参加を通じてお寺に信頼を持ってもらえることと推測します。

山梨県日蓮宗法源寺（実践13）で行われている朝のお掃除会「テンプルモーニング」も、安心安全のお寺という場が、人々のウェルビーイングに貢献しているという事例です。参加者からは「たまたま近所のお寺でやっているから来てみたら、安心して楽しくお経と掃除とお話ができてよかった」と、喜びの声があがっていました。菩提寺ではなくとも気軽に参加ができて、朝の習慣になるということがポイントです。人は「いつもより早起きした」というだけで気分がよいもので、その満足感が、「お寺はよき場所」という好印象にもつながります。

テンプルモーニングをオンラインで実施しているお寺もありました。愛知県の浄土真宗本願寺派の教西寺（実践29）です。コロナで息苦しさを抱えている人々が、ホッと気持ちを落ち着かせることのできる会になっており、終了後も続くおしゃべりの時間など、離れていてもオンラインでこころのケアが可能であることに気づかせてもらえました。

理想的なコミュニティのあり方とは何か

栃木県浄土宗光琳寺（実践26）は、コロナの世界になる直前の二〇一九年二月初頭に取材しました。光琳寺で毎月一日に行っている「ラヂヲ体操&朝参り」に参加したのですが、寒い冬の早朝にもかかわらず地域の人々が続々と境内に集まってきて、五十名程度の老若男女がラジオ体操をして、朝のお勤めをしました。ユニークだったのは、参加者たちがそれぞれの活動の周知を行う「告知タイム」があることです。

たとえば、ある男性は「〇月×日に公民館で健康に関する無料講習会を行います」と告知をして、チラシを配っていました。お寺にただ集まってラジオ体操をするだけではなく、その後の横のつながりも作られていく仕掛けです。朝参りが終わって近所のパン屋さんに朝食を買いに行くと、先ほどの参加者の数名も並んでいて楽しそうに会話しています。この朝の光景がとても印象的でした。

毎月一日に光琳寺へ集まっている人たちは、檀信徒ではない方がほとんどだそうです。そもそも、檀信徒の高齢化により参加者が少なくなっていた朝参りに新たな風を吹き込むために、当時副住職だった井上広法さんが思いついたのがラジオ体操でした。

　このラジオ体操を目的に集まった人たちが、朝参りにも参加してくれるようになり、結果的に檀信徒ではない人たちのコミュニティが形成されました。市外や県外から車でやって来るような熱心な方もいらっしゃるそうです。

　さらに驚いたことに、そのコミュニティの中から「光琳寺の墓地にお墓を持ちたい」という人まで現れています。墓じまいが進むこの時代に「大きなお墓にしたい」「光琳寺以外は考えられない」という意志を持ち、仏事を大切に行おうとする方とのご縁が結ばれ始めているのです。

　なぜそうなるのか？　ポイントは、光琳寺に集っている人たちは「自分の意志でお寺に来ている」ことだと思います。

　菩提寺とのお付き合いだからとか、和尚さんに言われたからとかではなく「月に一度、早起きしてお寺の境内でラジオ体操するのが気持ちいい」とか「朝参りの瞑想的な時間が必要」とか「他の参加者とのおしゃべりが楽しい」とか、自分なりの目的があって通っています。回数を重ねれば重ねるほどに場への愛着が湧き、お寺が人生になくてはならない大切な場所になるのです。

求められるコミュニティの変化

「誰かに言われたからではなく、自分の意志でお寺に来ている」というのは、今の時代らしいつながり方です。コミュニティのあり方は「所属型」から「接続型」に移行してきているといわれています。家族や職場などの所属するコミュニティは「所属型」です。所属していることの安心感がありますが、一度不満を感じてしまうと抜け出せない不自由な檻となります。対して「接続型」のコミュニティとは、オンラインだけのつながりや趣味の集まりなど、目的の一致する者同士が主体的かつ一時的に接続するコミュニティです。現代はインターネットの発達もあり、従来の「所属型」コミュニティから「接続型」のコミュニティが求められる傾向にあるのです。コロナ禍によって、物理的にも変化を迫られています。

江戸時代に端を発する檀家制度は、特定のお寺を菩提寺とする「所属型」のコミュニティといえますが、光琳寺のラジオ体操の周囲に広がるコミュニティは自由意志で集う、実に今風な「接続型」なのです。「檀家にはなりたくない」という所属を忌避する傾向がある中で、自由に接続できる機会を作ったことで、結果的に「常時接続」を求める人が出てきたという、とても興味深い事例だと思います。

「日本のお寺は二階建て」フレームワークをあてはめてみる

光琳寺のラジオ体操は、「日本のお寺は二階建て」フレームワークになぞらえると、「縁側」に類する取り組みです。どんな人でも気軽に入ってこられて、お寺の中を覗くことができます。興味があってラジオ体操に参加してみると、続いて本堂での朝参りが準備されています。もちろん、参加するかしないかは自由ですが、光琳寺の場合は多くの方がそのまま朝参りへと流れます。この朝参りが「二階」。つまり、光琳寺の仏道を感じられる場であることも上手く作用しています。ラジオ体操を楽しむだけだと、公民館の催しとあまり変わりがありません。仏道に通じる「二階」にまで足を踏み入れているからこそ「もしもの時は光琳寺にお世話になりたい」というスイッチが起動するのです。また、ラジオ体操は人々の健康やウェルビーイングに貢献する活動であり、お寺が「習慣の場」になっているのも、継続的な関係性を作れるという点において功を奏しているといえましょう。

新しい会員制度と「かかりつけのお寺」

光琳寺の事例から、接続型コミュニティを志向することがお寺の「縁側」や「二階（仏道）」の場において喜ばれるということがわかりました。「良き習慣の場」としてのお寺への接続を重ねるうちに、いつしか「一階（先祖供養）」の場としても意識する方が出てきます。その意志のあらわれとしてわかりやすいのはお寺の境内墓地を生前に求めるということになるかと思います。しかし、その意思決定のハードルは割と高いです。もう少し気軽に、意志を示せる方法を用意できると良いかもしれません。

神奈川県横浜市の日蓮宗妙法寺（実践6）では、毎月第一日曜日に「浄心道場」という法話会を開催しています。ゲスト講師は日蓮宗以外の宗派のお坊さんを招いたり、時にはお坊さんではないゲストにもお話していただくなど、参加者を惹きつける工夫を行っています。広報は少しお金をかけて新聞の折り込みチラシなども活用しています。そのせいか、半分は檀信徒ではない方が参加されているそうです。「浄心道場」はお寺の「縁側」や「二階（仏道）」の場と捉えており毎回赤字ではありますが、これをきっかけに檀家さんになる方が現れたり、逆に法事をつとめた方が「浄心道場」へ通い始めることもあるそうです。

妙法寺では、お寺の「二階（仏道）」から「一階（先祖供養）」への動きを起きやすくする取り組みとして会員制度を整えました。いわゆる、檀家さんに相当する「檀家会員」の前に、三つの関わり方を増やしています。「妙法寺会員」はお寺に墓地がない方向けで、年会費は五千円。寺報が年に四回送られてきます。「お便り会員」は年会費なしですが、年二回寺報が届きます。そして同じく無料の「浄心道場」会員は、毎月の「浄心道場」のお知らせがメールで届くというもの。「浄心道場」で妙法寺と関わり始めた方が、関係性が変化していく中で自分で距離感を選べる仕組みになっています。

私の友人が「妙法寺会員」になりました。まだお寺との付き合いを考えるには早い年齢で、住まいも離れているのに、なぜ年会費のかかる「妙法寺会員」になったのか理由を聞いてみました。彼女はこれまで何度か妙法寺のイベントに参加し、久住謙昭住職を信頼する気持ちが芽生え、妙法寺が好きになったとのこと。「何かあった時に、手を伸ばしてもいい場所になってくれそう」と思い、まさに妙法寺がキャッチコピーとして掲げる「かかりつけのお寺」にしたいから、という理由で「妙法寺会員」になったのです。

久住住職は「これまでは誰かが亡くならないと妙法寺と関わる方法がなかった」と言います。それは多くのお寺に共通しています。そこで「いつでも誰でも会員になれる」仕組みを用意することで、「所属型」と「接続型」のハイブリッドなコミュニティ形態を作ったのです。必要になった時につながることができればいい、という現代的な感覚にフィットした会員制度といえるでしょう。「かかりつけのお寺」とは、言い得て妙です。

大切なことは「長期視点」を持つこと

第1部の対談で、久住住職はコロナ禍の夏の棚経を縮小したというエピソードを語っていました。棚経は減ったものの、お寺での個別法要を可能にしたところ、結果的には棚経と個別法要をあわせたら例年と同じくらいの件数だったそうです。個別法要でもゆっくりお話ができるので、檀信徒とのコミュニケーションが少なくなることもなく「本当は家まで来なくてもいいのに」という、隠されていたニーズに応えることができました。お寺としても夏の棚経はパワーの要る行事だったので、内心はホッとする気持ちもあったそうです。コロナ禍というピンチをきっかけに、お寺と檀信徒が、双方にとって良い形にうまく変容することができたのです。

妙法寺は、まさに今お寺に関わってくださっている方のために、お互いにとって最善といえるあり方を追求しています。そのためには、これまでの会員制度も法事のやり方もどんどん変えていきます。お寺の「こうであらねばならない」を常に疑いながら、変化していくこと。失敗したとしてもトライ・アンド・エラーで改善していく姿勢が新たな信頼を作っていきます。

とはいえ、場当たり的な改革にならないようにも気をつけています。たとえば、妙法寺の永代供養塔は十年契約にしています。以前は三十二年（三十三回忌）契約だったそうですが、今の時代に三十三回忌は現実性が低いため、十年としました。社会が急激に変化していく昨今において、五十年後、百年後には大きな永代供養塔が不要になるかもしれません。十年契約にしていれば、少なくとも十年後には閉じることが可能になります。久住住職曰く「百年後の住職と対話しながら決めている」とのことですが、どうやってそのような長期目線を得たのでしょうか？　手前味噌になりますが、未来の住職塾で「お寺の事業計画」を作成したことが一つの大きなきっかけだと推測します。妙法寺のミッション（使命）・ビジョン（将来像）・バリューズ（行動方針）」を立て、導き出される「必要なアクション」を書き出しました。長期計画をたてることで視界がクリアになり、より確からしい決断が可能となるのです。

2　計画を作り実践する

未来の住職塾について

本書に登場する寺院は、皆さんが未来の住職塾で学び、お寺の事業計画を作成しています。ここで未来の住職塾について簡単に説明させていただきます。

未来の住職塾は二〇二一年で十年目を迎える、宗教者のための塾です（二〇一九年より、大きく変化する時代に合わせて学びの内容を大きくアップデートし「未来の住職塾ＮＥＸＴ」という名称に変わりましたが、本書では「未来の住職塾（旧プログラム）」と「未来の住職塾ＮＥＸＴ」を総称して「未来の住職塾」と記載します）。

未来の住職塾が始まった頃、お寺の世界と一般企業のマネジメントを重ね合わせる試みはほとんど見かけませんでした。たとえばＮＰＯや病院、学校など公共性の高い非営利組織においても、それぞれに適切なガバナンスや組織のあり方、運営の仕方があります。その質を高めていくために、一般企業でいわれる「マネジメント」の重要性が、様々な分野で言われるようになってきました。お寺もご多分に漏れず、外部環境が大きく変わっていく現代社会において、今一度お寺のあり方や本来の役割、これからの方向性を再確認するタイミングにきていると感じます。

未来の住職塾は、十年間で七百を超える寺院が参加し、これからのお寺のあり方を学び合う場を作ってきました。本書に記載されているすべての活動が、未来の住職塾での学びを通じて実現したということではありませんが、お寺としてその活動を実施するべきかという判断や、実現の確実性を高めるための検討などに役立っているものと捉えています。なぜそう思えるかというと、未来の住職塾では参加寺院すべてがお寺の「事業計画書」を作成するためです。これまでも何度か出てきたキーワードですが、ここで改めて詳しく説明いたします。

お寺の事業計画書とは

未来の住職塾では、最初に各お寺固有の使命「ミッション」を定めます。ミッションを達成

未来の住職塾で作成するお寺の事業計画書の一部

するための具体的な未来像が「ビジョン」です。この「ビジョン」を実現するために行うべきアクションを導き出す材料となる分析内容までが書かれたものが「事業計画書」となります。人によっては二十ページを超えるような場合もあるので、要約版の『エグゼクティブ・サマリー』（上図参照）を作成します。概要を一覧できるため、日々の方向確認や他者との意思疎通に役立ちます。未来の住職塾では、二カ月に一度開催する全五回の講義を通じて、お寺の事業計画書を書いていきます。

では、各項目を見ていきましょう。お寺が目指す「ミッション」「ビジョン」の下に、「アクション」があります。大きな矢印が

「今」から「二十年後」へと向かっていますが、現在から「ビジョン」で描かれた姿に到達するまでのアクションが可視化されます。

アクションを導き出すために「フレームワーク」と呼ばれる思考のツールを使って、様々な分析を行います。特に、自坊を取り巻く現状分析をシート下部に記載します。「SWOT分析」では、自坊の強み（Strength）、弱み（Weakness）、機会（Opportunity）、脅威（Threat）の四つの項目に関して、今後のお寺の将来に影響が考えられる要因を検討します。

「外部環境」はお寺をとりまく社会の変化の他、経済的要因、政治的要因、技術的要因など、多角的な視点から分析を行う「PEST分析」というフレームワークを使います。

「内部環境」分析については「3C分析」で、自坊に関する客観的な事実を洗い出していきます。「3C」とは、自坊（Company）、顧客（Customer）、競合（Competitor）を指します。お寺が「顧客」や「競合」という言葉を使うことに違和感を感じるかもしれませんが、たとえば「顧客」は檀信徒のみではないという気づきがあったり、「競合」は周辺他寺院のみではないという認識が生まれ、自坊の置かれている環境にあわせた、より確からしいアクションを導き出すことにつながります。

お寺のバリューズ（行動指針）の大切さ

要約版の『エグゼクティブ・サマリー』には項目がありませんが、お寺の事業計画書の中で私が重要だと感じているのは「バリューズ」（行動指針）です。バリューズは行動する上で必ず守る原理原則です。企業では、経営者が判断の拠り所としたり、社員たちにも共通認識を持ってもらうために作られます。たとえば「信用を重んずる」「金銭的利益のみに走らない」「長期的視点で考える」といったような、普遍性のある理念や価値観がバリューズに相当します。

お寺の住職は孤独です。もちろん寺族や総代役員さんが支えてくれることはありますが、最終的な決断は住職のリーダーシップに委ねられるでしょう。判断に迷った時に、バリューズが一つの基準として活かされるのです。

コロナ禍の夏に「棚経を縮小する」という決断を行った、妙法寺の久住住職が二〇一九年に未来の住職塾で作成したバリューズを参照してみましょう。

今までの行事や伝統の見直し、本質を曲げることなく丁寧に伝え、再編集し、伝え方を工夫していく。

まさに、バリューズを体現するような判断だったと思います。コロナ禍はお寺にとっては危機といえる要素ですが、危機をきっかけに伝統を見直し、本質を曲げることなく再編集することで、結果的により良い形として継続することができました。妙法寺のバリューズが久住住職の体に染み込んでいるように思えます。

MVVのあるお寺

ミッション（使命）、ビジョン（未来像）、バリューズ（行動指針）の3つは、それぞれの頭文字をとって「MVV」と呼ばれています。みんなに喜ばれるお寺になるために、第一歩はお寺のMVVを考えてみることかもしれません。お寺としての使命をもち、関わる人々が幸せを感じられる未来像を描き、一貫した行動指針に基づいて行動し続けるお寺は「みんなに喜ばれるお寺」ではないでしょうか。

事業計画書でお寺を改革

第3部の最後に、実際にお寺の事業計画書を頼りにお寺を改革した事例をご紹介します。

第1部に登場した大阪府法華宗・庄司真人さん（実践8）は、これまで三回も未来の住職塾を受講し、その度に事業計画書をアップデートしながら、五年以上かけてお寺の運営を工夫してきました。最初に参加されたのが二〇一六年のことです。その後二〇一八年、二〇一九年と、二年連続で未来の住職塾に通われました。

法華寺は大阪の郡部（南河内郡）にあり、「半過疎」といわれるようなエリアです。お寺の所在する村には四十五軒の檀家さんがありますが、少子高齢化のためにどんどん減っている状況です。一方、五キロメートル圏内に市街地があり、そちらに二百三十軒の檀家さんがいます。市街地の檀家さんがいることで、お寺としては維持できているものの、十年後には三割減となることが予測されるため、将来に不安を感じて未来の住職塾に参加されました。

庄司住職ご自身が分析した、法華寺の「強み」「弱み」を見てみましょう。

法華寺の強み

●美しい景観
●霊水が湧いている

●檀家さんは年忌法要に熱心
●住職が元教員で地域につながりが多い
●地域に同宗派が少なく、新しい縁が結び易い

法華寺の弱み

●急峻な坂の上にあること
●村の過疎化。村檀家の人的資源の衰退
●スタッフ不足
●霊園経営が停滞気味

以上のような内部環境・外部環境をふまえて、まずは半過疎地域において仏事が絶えないような工夫から始めました。弱みとして挙がっている「急峻な坂」は、村のご高齢の檀信徒が、お参りに来られなくなってしまう状況を意味します。そこで、年三回の法要の際はお寺の経費でタクシーをチャーター。坂の下からお寺までピストン輸送を始めました。そして、葬儀や法事についてわかりやすく伝えられるように『通夜葬儀のしおり』『お経本』をオリジナルで作成。寺報も定期的に発行して、しっかりとお寺の情報を届けるようにしました。この取り組み

は、市街地の檀家さんたちに仏事を継続してもらうための工夫といえます。また、法華寺のことを知らない方のための、ホームページも開設しました。

初めて未来の住職塾を受講した二〇一六年から、事業計画書に書いた取り組みを着々と積み重ねられた後、二度目の受講でさらに計画をアップデートしました。改革を始めて三年目、ますますお参りしやすくなるように、お寺のハード面を改善していきます。客殿にあがる際の段差には昇降ステップを設置し、椅子を導入。冷暖房と水洗トイレも完備しました。また、檀家さんたちが準備してくれていた法要の際の食事も、使い捨ての容器に変更するなど負担を減らすことでスタッフ不足や手伝ってくれる村檀家さんの減少への対策としました。

新しい取り組みとしては、終活セミナーやお掃除の会を始め、霊園には「ウィズ・ペット」というペットと共に入ることのできるお墓を新設。「日本のお寺は二階建て」フレームワークでいうところの「一階（先祖教）」の充実が進みます。

三度目の受講では「二階（仏道）」にあたる活動を検討しました。「強み」にあった住職の教員としての人脈を活かした「教員カフェ」をはじめとするお寺の「縁側」的な活動を通じて、霊水でおもてなしする地域のサードプレイス（家庭でも職場・学校でもない第3の居場所）を目指します。

二〇二一年現在、コロナ禍においても仏事の減少はあまり見られず、霊園にはフリーランスの石屋さんが協力してくれることになり、彼岸法要では「音楽会」を併催するなど住職自身が楽しみながら様々な活動を進めているそうです。

未来の住職塾を受講すると、他のお寺の活動を知るようになり、ついつい色んなことを実践したくなりますが、お寺の事業計画書を作ることで、やるべきことが明確になるので、場当たり的な動きの抑止力となったという感想が印象的でした。

一つひとつは小さな改善でも数年をかけてコツコツと進めていくことで、結果的にはコロナ禍のような緊急事態が起きても持ちこたえられるような、お寺の運営基盤が築かれていたのだと思います。そして何より、庄司住職自身が楽しんで喜びながらお寺に携われている状況が、「みんなに喜ばれるお寺」になるための近道だと思うのです。

第4部
これからの寺院コンセプト
――松本紹圭のテンプルゼミ
12 Point

Point 1

お寺を経済的合理性だけから見ていいのか

アジール（居場所）とアサイラム（監獄）

ご存じの通り、布施には「財施」「法施」「無畏施」の三種類があるといわれます。私は個人的には三つ目の「無畏施」に注目しています。無畏施こそ、現代の日本で最も大事にされるべき布施ではないかと思うからです。一度失敗したらとことんまで叩かれ、再チャレンジが許されない。その結果、若い人も尻込みして新たなチャレンジも生まれない。将来への不安が広がり、お年寄りも若者も身動きがとれなくなっています。貧富の格差が広がって、社会は分断されていく。こういう時代だからこそ「無畏」、つまり、何の不安もなく、そのままの自分で安心していられて、恐れずに勇気を持って歩んでいける心を、お互いに布施し合うことが大事ではないでしょうか。法施や財施も、無畏施という土台があってこそです。

無畏施の本質とは、その人が何の恐れもなく無条件にただ安心して居られる居場所を用意してあげること、といっても良いでしょう。最近は、その大切さが組織の環境づくりでも言われるようになりました。かつては恐れの感情をテコに社員をコントロールするマネジメントが世に蔓延していましたが、今ではそれはハラスメントであり、人間の真のパフォーマンスを引き出すやり方としての有効性に疑問符がついています。

現代の居場所論として注目されているのが、東畑開人《とうはたかいと》著『居るのはつらいよ〜ケアとセラピーについての覚書〜』（医学書院、二〇一九年）です。第十九回大佛次郎論壇賞を受賞した本作は、著者が心理士として精神疾患を持つ人のためのデイケアの現場に身を置きながら見た、ケアとセラピーの思想の差異とその現場に忍び込む怪物の正体を明らかにしたものです。企業経営者を含めてあらゆるコミュニティを預かるリーダーにとって関係のあるテーマといえます。

ケアとセラピーの違いについて私なりの言葉で簡単にいうと、ケアがただ「居る」ことを本質とするのに対し、セラピーは今の自分とは違う者に「成る」ことを志向するということです。人生の季節によって必要な割合は変わるけれども、どちらも人間が生きる上で必要な成分であることはいうまでもありません。その上で、著者は「現場に忍び込む怪物」の正体を暴きます。

それは、「経済的合理性」という名の怪物です。効率性とエビデンス（ここでは経済的根拠）を旗印に、あらゆるものをバラバラに切り分けて、値段をつけてコスト換算し、改善を迫ります。「それは経済的合理性の観点から、本当に意味があるのか、廃止した方がいいのではないか」と。

ケアとセラピーを経済的合理性の視点から眺めたとき、セラピーは、悪い状態からより良い状態へと変化・回復するというわかりやすさがあり、説明しやすく、予算がつきやすい。一方で、ケアは「ただ、変わらずにその場に居る」ということの価値がわかりにくく、会計的に正当性を主張しにくいという特徴があります。そして、それを無理やりしようとすると、これまで「居場所＝アジール」だったものが「監獄＝アサイラム」へと変質してしまうのです。

お布施が増えるか増えないか問答

このことは、お寺の現場にも当てはまります。たとえば、私が続けているお寺の朝掃除会「テンプルモーニング」。最初は「もっと早起きして、より良い習慣を身につけたい」とセルフ・セラピー的な動機で参加する人も、だんだんとその場所に親しんでいく中で、ただ「居る」ことのできる依存先の一つとしてのケア的な意味を発見していきます。

でも、そういったお寺の「ケア」的な意味合いはとても説明しにくいし、当の僧侶自身さえそれを理解していないことがあります。「そんな集まりをやったところで、お布施が増えるわけじゃないだろう」と経済的合理性で考えるような人には、まずわかりません。そしてまた、そういう人に対して「いいえ、直ちに増えるわけではないですが、長い目でお布施のアップにつながりますよ」という風に、経済的合理性でその取り組みの価値を説明しようとすると、途端にその集いの質がアジールからアサイラムへと頽廃します。

お寺が存続するためには経済的に成り立つことが不可欠です。でも同時に、お寺がお寺であるためには、効率性やエビデンスベースの視点が入り込まない場を保ち、経済的合理性からできるだけ距離を取りたい。お金は血液のようなもので、止まってしまうと死んでしまうけれども、元気に動けている限りは意識することもないくらいが、お寺にはちょうどよいのだと思います。お金そのものを目標にしたり、経済的合理性の視点からその営みを捉えた時点で、お寺は死ぬでしょう。意図の力を甘く見ることはできません。「何をするか」はもちろんですが、見た目には全く同じことでも「どのような意図でするか」によって、そこに生まれる磁場は全く違うものになるのではないでしょうか。

改めて、無畏施の大切さを再発見すべきときが来ているのかもしれません。

Point

2 全く新しい「僧侶派遣」を始めます

「僧侶派遣」と聞いて、何を思い浮かべますか？　ご存じの通り、法事や葬儀の時にお経をお願いするお坊さんを、インターネットなどで仲介するサービスです。本誌でも時々話題になりますね。僧侶派遣に関して私は以前から疑問があります。なぜお坊さんの派遣先での役割は、法事や葬儀のお経だけなんだろう？　お坊さんにできる役割は法話、坐禅、掃除など、お経の他にももっとあるんじゃないか？　ということです。むしろ、お墓など物理的な場との紐付きが強い法事や葬儀は、派遣先よりもお寺でやるべきで、派遣というなら後者の役割の方が向いているのではないかとも思うのです。

職場環境にモンクマネージャーを置く

もっと言えば、マインドフルネスの潮流が世界的にあり、気候変動を軸とするサステナビリティが注目される外部環境、また宗教離れの一方で精神性を求める人々の増加。これまでの生き方や価値観を根本から見直そうという社会的な機運が高まる中、法事や葬儀のお経という日本ローカルでの活動よりも、後者の領域の方が世界に向けて僧侶派遣ができる可能性が開けているのではないでしょうか。

そのような疑問に答えを出すための実験を間もなく開始します。何をするかというと、アメリカの弁護士事務所に、日本人の僧侶をモンクマネージャー（Monk-manager）として一名派遣し、一〜二カ月、現地滞在してもらうのです。その僧侶に期待される仕事は、以下のようなものです。

〇目的

僧侶という存在の価値を、忙しい弁護士事務所の環境下において実験する。特に、従業員たちが日々の業務に従事する中で、徳の高い規範を保つことができるようになるための影響を見る。また、弁護士事務所に必要な創造性のフローに与える影響も見る。

〇仕事内容

❶心落ち着けて職場空間に存在すること。始業時と終業時、静かに坐禅瞑想をするなどして、自らの心を整え、その空間の空気を整える。❷二十名ほどいる従業員一人一人に、それぞれスープを提供して一〜二分の会話をする。それを一日に二回ほど。❸フルーツや野菜を従業員一人一人のデスクに運び、希望を聞いて、三分のストレッチやヨガに誘う。❹一日の出来事をレ

ポートにまとめて報告する。

いまいちイメージが湧かないかもしれませんが、要するに、忙しさから皆の心が殺伐とした職場環境へ、心穏やかな僧侶の存在を持ち込むことによって、その場はどう変化するかという実験です。

宇都宮・光琳寺のモンクマネージャー

ところで、177頁で紹介した宇都宮にある井上広法さんの浄土宗光琳寺を先日、訪ねました。光琳寺では以前からラジオ体操によるテンプルモーニングを開催しており、最近は新しく「アレット（áret）」というコミュニティスペースも作りました。井上さんといえば「ぶっちゃけ寺（テレビ朝日）」のお坊さんのイメージが強いかもしれませんが、最近は以前よりも地元に根ざし、このアレットという新しいスペースを中心に地域コミュニティのための活動に力を入れています。

アレットでは、コワーキングスペース、個人事業主向けのレンタルオフィススペース、そして町おこしNPOが入居するテナントスペースがあって、心地よい日常の時間が流れています。

井上さんは、特に法務などのない時にはそこにいつも普段着でいて、みんなに声をかけたり、仮眠を促したり、近所の肉屋のコロッケを配ったり、うろうろしたりと、何か具体的な役割があるわけではないけれど、そこにただ存在することで価値を提供しているのだといいます。

光琳寺に行けばわかりますが、ここのローカルコミュニティはとても元気です。一度はシャッター街になってしまった商店街も「もみじ通りの奇跡」と呼ばれるまでに活気を取り戻し、経済も人の循環もうまくいくようになりました。その流れを作る一端を光琳寺が担っているのは間違いありません。ラジオ体操に集う五十名近くの人の賑わいを見れば、それは一目瞭然。井上さんがやっていることは、まさにモンクマネージャーそのものです。

考えてみれば、お寺の住職というのは昔から、狭義にはお寺の、広義には地域の、モンクマネージャーだったのではないでしょうか。お寺の住職には少なからずそういう役割が期待されてきたと思うし、それに応えてもきたはずです。井上さんはアレットという現代的な空間を作りながら、伝統的な住職の役割を再解釈して実行しているのでしょう。

さあ、始めてみます。全く新しい、グローバル僧侶派遣。どんなお坊さんが世界で求められるのか、楽しみですね。いずれ結果が見えてきたら、またご報告させていただきますので、応援よろしくお願いします。

Point 3

お寺をウェルビーイングの場にしよう

イベント寺とは何か

「檀家の寺離れ」ではなく「寺の檀家離れ」であると、山梨の僧侶グループ「坊主道」元代表の近藤玄純さん（実践20）は言います。お寺の方が、変化する檀家から離れてしまっているというのです。その通りと思います。

あるいは「寺の生活離れ」ともいえるかもしれません。かつてお寺は村の人々の生活の中心にあったといわれます。確かに、私が北海道で育った子どもの頃、近所にあった祖父が住職をしていたお寺は、少なくとも今よりは人々の生活の中にあったように思います。墓参りや法事や葬式だけでなく、檀家さんのお宅へ住職が伺う月参りも多かったですし、季節の行事も賑やかでした。今は、それら人々の生活に密着したあらゆる機能において専門化・細分化が進み、行政やＮＰＯや教育機関などが担うようになっています。残ったのは、法事、葬儀、というライフイベント。

法事や葬儀を中心に行う保守的スタンスの住職が、檀家に限らず地域の生活者に向けて様々な種類の活動を試みるお寺を揶揄して、よく「あそこはイベント寺だ」と言います。でも、考えてみると、法事や葬儀、永代供養こそ、人生の中でそう何度もない大きなイベントです。民俗学に「ハレとケ」という概念がありますが、法事や葬儀をどう位置づけるかには民俗学的な議論があるとしても、シンプルにハレ＝非日常、ケ＝日常という視点に立つならば、今のお寺は明確に、ハレに関することを専門としています。

イベント寺というならば、もっぱら法事や葬儀という非日常の接点のみで、人々とその日常生活における関わりを失ってしまったお寺にこそ、ふさわしい呼称ではないでしょうか。

終活ブームのその先へ

最近のお坊さんの中に生まれている終活ブームやグリーフケア、成年後見制度への興味、関心の高まりは、そんなお寺の状況への問題意識や危機感の表れだと思います。仏教が四苦と呼ぶ生老病死の苦の中で、もっぱら死の部分に特化してしまっていたけれど、それでいいのだろうか。死の前にある老病の苦にも、もっと仏教が関わるべきではないのかという思いです。

ジャーナリストの星野哲さんは「終活から集活へ」と提唱されています。老病死の苦を受け止めるには、宗教者としての働きかけだけでなく、死生観を共にする人と人とのつながりが欠かせないというご指摘であると、私は受け止めています。

つまり、事ここへ至って思うのは、一周回って、今こそ全部ひっくるめての、「生活」なのではないかということです。生老病死の最初の「生」とは、「生まれる」でもあり「生きる」でもあります。この世に生まれた以上、生きなければならない。生老病死を縮めれば、生死《しょうじ》。生死一如という言葉があるように、生と死は表裏一体です。メメントモリ、死を忘れたところに生などあり得ません。人生百年時代、寿命が延び、都市化が進む現代、死が日常の外へ追いやられて見えにくくなっています。それと軌を一にするように、日々生きているという実感も失われていないでしょうか。私は以前、そのような問題意識から、お寺を「生きる意味を問い、生きているという経験を取り戻す舞台環境」と定義していました。

ウェルビーイングから安養へ

人間の幸せや社会の豊かさをGDPなどの経済的な指標のみで測ることの限界が露わになり、それに代わる視点としてウェルビーイングの概念が様々な領域で広がりつつあります。

この概念は一九四〇年代にWHOの憲章で謳われて以来、人間の幸せの捉え方をMental, Physical, Social な側面に加えて、Spiritual な側面や、またそれらを動的に捉える視点の導入が検討されるなど、ウェルビーイング概念自体いまだ発展途上ですが、そのベクトルの方向性としては古くから仏教が説いてきた人間観や世界観に、より親和性の高いものになりつつあるといっていいと思います。

では、そんなウェルビーイングの概念を仏教がどのように受容できるか。私は、「安養」という言葉に着目しました。この言葉は「安心」と「養生」の頭文字でもあり、「安養（あんよう、または、あんにょう）」は日常生活であまり見かける言葉ではないけれど仏教世界では割とポピュラーな言葉です。「安養国」「安養浄土」など極楽の別名であり、阿弥陀仏は安養仏ともいわれます。「安養界」は、心が安らかとなり、身が養われる世界ということなので、いってみれば、ウェルビーイングが完全に実現された世界といっても良いでしょうか。

ウェルビーイング＝安養と位置づけるには無理があるけれど、ウェルビーイング概念がさらに発展を重ねていった先に待つであろう究極を示す一つの親しみやすい仏教概念として、改めて「安養」を位置づけることはできるのではないでしょうか。終活から生活へ。ウェルビーイングの先にある安養を志向するお寺の動きが、今後求められていくと思います。

Point 4

今こそお寺は「新たな習慣」を提案しよう

落ち着かない日々が続きます。新型コロナウイルスは、私たちの暮らす世界を直接・間接に大きく変えていきます。第二次世界大戦以来ともいわれる世界規模の危機を、私たち人類はどう生き抜くのか。宗教は、お寺は、どうなっていくのか。長期戦になるといわれるこの危機は、もともと危機といわれていたお寺の世界の危機を加速こそすれ、減速することはないのではないでしょうか。

一つ、いわゆる檀家制度を例にとってみましょう。檀家制度（寺請制度）は江戸時代で終わっていますが、その後も社会慣習として生き延びてきたお寺と檀家の関係性を、お寺側の論理では「檀家制度」と呼んできました。慣習として残ってきた、というところが今回のポイントです。

個人の習慣が集団に広がって定着し、世代を超えて継承されるようになると、社会の慣習となります。人間は習慣の生き物なので、生まれた時から染み付いた慣習は、なかなか抜けない強さを持ちます。「檀家制度」は三世代同居が当たり前の時代には、祖父母から子や孫へ世代を超えて受け継がれてきましたが、三世代同居などお寺の家族ですら見かけることが稀有になった今、慣習としての継承の力がかなり弱まっていました。

非日常が新しい日常となる

危機の際には、日常がストップし、今まであり得なかったことが当たり前になります。感染症危機の特徴は、影響が長期化すること。自然災害であれば非日常から日常へ戻ろうとする力学も働きやすいですが、今回のような場合は、非日常が新しい日常として定着する場面がたくさん見られるでしょう。

特に、高齢者との関わりが多いお寺は、感染症リスクを理由に、葬儀の簡素化、法事の延期や中止、月参りの停止、墓参り控えなど、慣習が途切れる機会に事欠きません。

特に、そのことが単に慣習としてのみ継続していたものであったとしたら、人によっては「世間体があるから面倒でも続けてきたけど、終わらせるのにちょうどいい口実ができた」と、これを機に動くことも十分に考えられます。単なる慣習は、途切れると、終わります。復活することはありません。唯一の可能性は、それが単なる慣習ではなく、私が生きていく上で絶対に必要なものであった場合にのみ、新しい習慣として再スタートすることです。

たとえば、お墓参り。大切な亡き人と心で対話してつながりを確かめる時間として、自分が生きる上でお墓参りの習慣を大切にしている人はたくさんいます。不要不急（＝自分が生きる上で最低限必要なこと以外）の外出禁止が数週間であれば、その間は我慢できるかもしれませんが、それが仮に半年や一年も続くとすると、自分が生きる上で最低限必要な「大切な亡き人と心で対話してつながりを確かめる時間」を、従来のお墓参り以外の方法で、持とうとするかもしれません。そのような形で「新しい習慣」が生まれていきます。

テンプルモーニングラジオの開始

コロナ禍の中で、「新しい習慣」を作っていただけるよう、私はインターネットを通じたラジオ番組配信（ポッドキャスト）を始めました。平日、毎朝の配信、週替わりで全国各地のお寺から素敵なゲストをお招きして十分くらいのトークと、続いて「今朝のお経」コーナーでは、全国各地のお坊さんから届いたバラエティ豊かなお経を日替わりでお送りします。

私はこの三年近く、参加される方の生活リズムを整える朝活、お寺の朝を楽しんでいただくテンプルモーニングを、お経・掃除・お話というパターンで、都心のお寺で朝一時間、月に二度ほどのペースで続けてきました。生活リズムが整うなら、ヨガでもラジオ体操でもランニングでも、どれも良いと思いますが、個人的には掃除という行為は、シンプルで誰でも親しめるものでありながら、瞑想的かつ運動にもなり、ほどよい社交性もあり、「世界に素手で触れる感覚」も取り戻せる、とても優れた朝の活動だと思います。

おかげさまで、いろんな方にいろんな形で親しんでもらう良い場が生まれていましたが、コロナによって緊急事態宣言が出て、状況は一変。お寺の朝に皆が集うことが難しくなりました。一方、お寺どころかどこにも出られない外出自粛によって、生活リズムはますます乱れがちになっています。今後、コロナとは長い付き合いになることも予想されます。

そこで、外に出られない自粛生活が続く中、メディアを通じて「お寺の朝」を届けることで、自宅での生活リズムが乱れがちな都市生活者の方々の安養の助けになればいいなと考えました。何もかもがオンライン映像化される中、視覚を休めていただきたいので、あえて「音」のみでお届けしています。お坊さま方には、トークへの出演や、お経音源の提供など、「法施」でのご協力をいただいています。

コロナ禍を機会として、色々なお寺で「新しい習慣」が始まることを願っています。

Point
5
デイリーの習慣とマンスリーの仏事を

私は、平日の毎朝「テンプルモーニングラジオ」というタイトルのポッドキャスト（インターネットで届ける個人ラジオ番組）を配信しています。前半はゲストのお坊さんと私のトーク、後半は各地のお坊さんから届けられるお経の、二部構成です。オンライン時代の新しいデイリー生活習慣として毎回百名くらいの方に聞いていただいており、改めて「音声」の力を感じています。

合わせて、私がもう一つやってみたいことがあります。それは、マンスリーの生活習慣づくり。デイリーの良き習慣と合わせて、マンスリーでの人々の良き習慣づくりにも貢献できないだろうか。

そう考えた時に思い浮かぶのが、月参りです。日本仏教で定番のマンスリーの良き習慣といえば、これです。いうまでもなく月参りというのは、家族など大事な人の故人の命日に、自宅にお坊さんを呼んで、毎月お経をあげてもらう習慣です。たとえば、三月二十五日に亡くなった故人がいたとして、その家族が菩提寺の住職にお願いして、毎月二十五日に自宅に来てもらい、仏壇の前でお経をあげてもらいます。

田舎のお寺の住職だと、午前中はほぼ毎日この月参りで予定が埋まっているという方もいらっしゃいますね。

　この古き良き習慣がまだ残っている地域も全国にはまだまだありますが、急速に失われつつあるのも事実。特にこのコロナの影響下、長年続いてきた慣習が一度途切れてしまうと、永遠に失われてしまうことが危惧されます。

　私はこの月参りこそが仏様と共にある生活を整える習慣として、もしかしたら法事や葬儀以上に重要な営みなのではないかと最近思います。法事や葬儀は、稀にしか営まれませんし、大掛かりなので、かなり非日常のイベント的な側面が強いです。一方、毎朝の仏壇参りは完全な日常。その点、月参りは、マンスリーという、その間を埋めるのにちょうど良い間隔で巡ってきます。また、身近な故人を通じて自分の日常に「死」という要素を自然に取り入れるのにも、とても適していると思います。

　私の「日本のお寺は二階建て」論における、一階の先祖教（お墓・葬儀・法事など）と二階の仏道（法話・坐禅・掃除・マインドフルネスなど）でいえば、月参りは、一階の先祖教（非日常・死者中心の世界）と二階の仏道（日常・生者中心の世界）をつなぐ橋になるでしょう。

「イエ」というものに縛られない現代の都市生活者にとって、法事や葬儀という「イエの儀式」はそう気軽に勤められるものではありません。しかし、月参りなら「デイリーの習慣に加えて、マンスリーの習慣も組み合わせてみよう」という流れで自然に受け止めることもできるのではないでしょうか。

「音の仏さま」を届ける方法として

もちろん、従来、檀信徒に対してなされていたものと同じように考えることはできないし、考えるべきでもありません。全く新しい視点から、月参りを再発明する必要があるのだと思います。

月参りの特徴といえば、自分のお寺を持たないお坊さんでもできます。月参りをするのに、立派な伽藍は必要ありません。今どきは自宅にお仏壇のない人も多く、故人を思い出す仕方も多種多様。自宅で写真を見ながら故人を思い出す人もいるだろうし、森を散歩しながら自然の中で故人を思い出す人もいるかもしれない。となれば、必ずしもその人のお宅を訪ねてお仏壇の前で一緒にお経を読む形にこだわることもないかもしれません。

月参りで重要な要素は、やはり「音」を届けることだと思います。というのも、仏教は人の五感を解放するものであるべきだと思うからです。大掛かりな手段や道具を必要とせず、できるだけ刺激が少ない方がいいでしょう。視覚は解放し、ほんの少しだけ聴覚を借りて、意識しないほどささやかにはたらきかけるくらいでちょうどいい。聴覚を通してはたらきかけたいのは頭ではなく肚です。音楽が頭で聴くものではないように、音の仏さまも頭で聴くのではないはずです。

求められた時にその人の耳に直接「音の仏さま」を届けることは、今のテクノロジーなら簡単にできます。ライブでもオンデマンドでも、地球の裏側にいる人の Bluetooth イヤホンにクリアなお経を届けることだって、難しくはありません。どんな場所だって、ちゃんと「音の仏さま」さえ届ければ、それは月参りとして立派に成立するんじゃないでしょうか。

月参りの習慣のあるお寺は、それをどう進化させて、次の世代につなげるか？　月参りの習慣のないお寺は、新しい習慣としてゼロからいかに提案できるか？　ぜひあなたのアイデアも聞かせてください。

Point 6

お寺を飛び出して社会を考える住職に

世界の経営者が変わり始めている

昨今、仏教界でもSDGs（持続可能な開発目標）への参画が高まっていますが、世界的な大企業が続々と、自社利益中心、株主中心主義から方針転換し、社員中心、社会中心、地球中心主義へと舵を切っています。金融界も「責任銀行原則（Principles for Responsible Banking）」を打ち出し、SDGsやパリ協定に沿わない企業には投資をしないという方針を明確にしているそうです。先日、ダボス会議の運営側の友人からも「今までも企業は〝地球のため〟と言ってきたけれど、今年のダボスでは世界の経営者たちが本気で変わり始めたのを感じた」と言っていたので、いよいよ本気で社会が転換してきたのだと思います。

宗教やNPOといった非営利組織の中にいると、しばしば「私たちは金儲けのビジネスとは違う」という言葉を耳にすることがあります。でも実際は、企業はもはや金儲けを目的としていません。少なくとも、これまでよりも脱・金儲けにシフトしていることは確かです。「自己責任」「生産性」を振りかざす最近の日本政府が「社会の会社化」を目指しているうちに、会社の方がどんどん社会のことをやるようになってきているといえます。企業のトップの人格が急に向上したわけではなく、社会環境や地球環境の悪化をこのまま放置していては企業活動そのものがもたなくなるという危機感の現れでしょう。

利他といえば、かつては宗教者の専売特許でした。しかし今は、利他こそ、ビジネスを含めてあらゆるリーダーにとって最も重要な資質となったのです。

「世のため、人のため、ご先祖様の恩に報いるため」という宗教のメッセージは、「for sustainablity, well-being and spirituality」に置き換えられて、あらゆるリーダーが語るものとなりました。世の流れを読むのに長けたビジネスリーダーほど、利他的リーダーシップへと転向し始めています。

これからの社会を考える人になる

ある勉強会で、親しい経営者の方がこんな発言をされていました。

「企業は社会の方向と一致しているかを確認しなければならない。自分たちのビジネスのことしか考えてこなかった企業のトップは、全然役に立たない。コロナになってから、それが求められるようになっている。自分たちがどういう社会を作りたいのか、そしてそのために自分たちのビジネスがなぜ必要なのかという説明ができなければいけない。社会との関係をどうするかということは、自分たちが次の時代の社会に対する見解を持っているかどうかということ」

全くその通りだと思います。

私も企業の経営者の方とお会いする機会が多いですが、「これからの社会を考えた経験がない」感じの人は確かにいます。経営者の問題というより、世代の問題が大きいとも思います。四十代以降の社会人の世界観や人生観は大きくバラツキがあり、若いのに世界認識が平成どころか昭和で止まっているような人も少なくありません。私の見るところ、それをアップデートできるかできないかを分かつのは、複数の異なる世界を行き来する経験の有無ではないかと思います。その点、兼業住職というあり方は、メリットも大きいのではないでしょうか。

兼業する住職・起業する住職の道

これまでのように、人間がちょっとやそっと動いたところで地球の大きなキャパシティがすべて飲み込み浄化してくれた時代は、ひたすら自分が身を置いている世界の中のゲームに熱中しているだけでも良かったかもしれません。しかし今、ゲーム盤を置いている基礎たる地球そのものが、揺れています。そのことに気づかずに、今まで通りゲームのことだけ考えて、「これからの社会を考えた経験がない」経営者は、チームリーダーとしてもかなり危ういといえます。

さらにいえば、そのようなリーダーの組織には、若く優れた人財も集まりません。三十代、二十代、十代と若くなっていくにつれ、ゲーム盤の勝負の行方よりも、地球の揺れに対する関心が高まるからです。年々、地球の揺れが大きくなっていくのに気づかないとすれば、それは相当に鈍感な人であって、優秀な人ほど後者への関心が高いことは間違いありません。

今、兼業する住職、起業する住職が増えています。「専業住職こそ僧侶の本道」とする傾向の強い仏教界ですが、私はそのようにお寺を飛び出し越境する経験によって僧侶としてより一層成長することも大いにあると思います。未来の住職塾でも「当事者ミーティング～兼業住職の集い～」と題してオンラインで兼業住職の方々と交流を重ねていますが、むしろこれからの仏教はここに希望があるのではないでしょうか。恐れずにどんどん越境する、兼業する住職、起業する住職。応援したいです。

Point 7

オンライン法事のカギは音声にある訳

先日のこと。オンラインで会話していた友人が、ふと「実は、明日が亡き父の七回忌の命日なんです。でも、お墓が遠方にあってコロナだから行けなくて」とつぶやいたことから、「では、僕でよければお経をあげさせてもらいましょうか？　オンラインで音声のみでよければ」という話になり、初めてのオンライン法事の機会がやってきました。

音声を配信するだけなら、今どきはスマホ一台でも実現できます。ただ、私の場合は最近インターネットラジオを配信するなどの機会が増えて、音質向上に努めていることもあり、より高音質で音声を届ける専用の機材を一式揃えました。コンデンサーマイクとモニターヘッドホンを、ＵＳＢオーディオインターフェイスを通してパソコンにつなぐ方式です。

マンツーマンの通話形式の場合、使えるアプリの選択肢は無数にあります。主要なものだけでも、ズームに加えて、普通の電話、ライン通話、スカイプ、フェイスブック通話、フェイスタイム。少し調べると音質に関してはフェイスタイムが一番良いようだったので、相手の環境を確認して（相手がアップルユーザーである必要がある）そちらを選択しました。

こうして、施主さん指定の夜八時半に、こちらの録音環境をしっかり整えてスタンバイします。法事なので、テーブルには機材の他、携帯御本尊とお経本も設置しました。マイクとヘッドホンを装着し、音声のみのコールを入れます。

回忌法要がスタートします。最初は、三奉請というお経で、ここは僧侶のみでの読経。マイクが口元にかなり接近しているものの、マイクを吊り下げ式にしたおかげで、手元には十分なスペースがあり、お経本を開くのも苦労はありません。

法要中、唯一の苦労は、正信偈を施主さんと一緒に声を合わせて読経する場面でした。通常の会話だと気づきにくいですが、オンライン通話では多かれ少なかれ必ず遅延が発生しています。施主さんの声は私の読経が耳に届いてからそれに合わせての読経になるので、その声が私の耳に届く時には体感でコンマ五秒くらい遅く聞こえてしまうのです。最終的に、自分の耳からヘッドホンを外して、いつもの自分一人のペースで読経することで、この場面を乗り切りました。

読経終了後は、僧侶からの一方的な法話をするよりも、対話で故人を偲ぶのが良いと考え、少しだけ仏教のお話を提示してから施主さんと少し対話しました。

自宅へお経を直に届けるメリット

振り返ってみて、これは「アリだな」と感じています。今どきはご法事といえばお寺でやることが増えましたが、かつては親戚一同が集まって自宅に菩提寺の住職を招いて勤めるのが当たり前でした。なぜそれがお寺で勤めることが主流になったかといえば、イエの感覚が変化し、家族関係が変化し、住環境が変化し、プライバシー感覚が変化した結果、自宅でやることが難しくなったからです。でも、音声での法要なら、かつて自宅でお勤めしていたご法事の趣旨を、家長であるかないかにかかわらず、一人暮らしの人で、マンション暮らしであっても、安心して自宅で満たすことが可能となります。夜遅い時間でも問題ありません。

個人的には、映像はない方が良いと感じています。本堂でお勤めしている様子が映像で出てしまうと、それでは「お寺での法事」になってしまい、「自宅での法事」の感覚が薄れるからです。また、映像をオンにするなら、施主さん側も家を片付けなければならなくなるし、プライバシーの面も気になるでしょう。音だけの法事の良さは、現代特有の面倒を省きながらも、ちゃんと「自宅での法事」感が出るところです。まるで、お坊さんに自宅の仏壇の前に来てもらって、お経をあげてもらっているような気持ちになれます。その後のフィードバックで施主さんは「異次元の感覚だった」と表現しましたが、共感します。

釈尊の「一音説法」に教えられて

音声を届けるだけなら、これまでにも「電話」という技術があったのだから、もう五十年も前から可能だったはずではあります。でも何か、今、目の前にある状況はそれとは根本的に違うもののように感じます。

それはなぜか、私の中で未だ答えは出ませんが、個人的に音声のみの読経がオンライン法要の隠れた本命かもしれないという思いは強くなりました。

釈尊は「一音説法《いっとんせっぽう》」をされたという説を最近知りました。『維摩経』仏国品には「仏は一音をもって法を演説したもう、衆生は類に随いておのおの解を得る」という記述が挙げられます。仏はいつも同一の音声によって説法をするが、衆生の性質や能力にしたがって各々に異なる受け止め方をするということです。音だからこそ、それを受け取った仏弟子の自由なイメージを喚起して、それぞれに「如是我聞《にょぜがもん》」と言わしめたのかなとも思います。考えてみれば、読経も法話も、音です。音の可能性をさらに追求してみたいと思います。

Point 8

本来の意味での「僧侶派遣」の必要性

増える兼業住職問題をどうするか

未来の住職塾では定期的に開催している「当事者ミーティング」があります。人々の悩み苦しみの受け皿となる当事者である宗教者が、自分たち自身の悩み当事者だからこそ語り合える場所は、実はあまりありません。当事者だからこそ語り合えるテーマを設定し、ただ自分の声を発することのできる場を作っています。

今回のテーマは「兼業住職」です。お寺の住職と他の仕事を両立している人は、一般に思われているよりも案外多く、しかもこれからますます増えることが想定されます。

とはいえ、ひとことで兼業といっても状況は様々。今回も多様な話題が飛び出し、涙なしでは聞くことのできない場となりました。

とりわけ、未来の住職塾で話題に上がったのが「僧侶の人手が足りない時、代わりを誰に頼むか」という問題。これは、兼業住職であるか否かや規模の大小にかかわらず、全国各地のお寺で起きている問題です。

特に住職が兼業する必要のある小規模なお寺では時間のやりくりなどのリソ

ース配分が難しく、時間リズムの異なる二つの仕事を掛け持っている分、専業住職のお寺以上に、お寺の方の負担が大きい場合もあります。

では、それをどう解決するか。

「本来の意味での僧侶派遣」が必要ではないでしょうか。

お寺と僧侶のマッチング事業

これまで世にいわれてきた、「僧侶派遣」という表現は、サービスを利用するのが一般生活者（Consumer）であるBtoCのビジネスを想定された僧侶「手配」業です。

しかし、本来「派遣業」とは人的リソースの足りない事業者（Business）に対して必要なタイミングで必要な人材を派遣するBtoBのビジネスのこと。今、必要なのはまさに、「お寺向けの僧侶派遣業」という、BtoBの本来の意味での僧侶派遣業だと思うのです。

想定される利用シーンは、たとえば、法事が立て込んでヘルプが欲しい時、葬儀が重なって火葬場だけ代わりに赴いて欲しい時などが考えられます。そんな時、予め用意された料金体系の中で、僧侶の手配から打ち合わせまでをオンラインで行うことができれば、住職にとって便利かもしれません。

これはあくまでもコネクションがなく、他者に「派遣」を依頼する必要がある際に利用するサービスで、恐らく、一度相性のいい僧侶が見つかったなら、いずれお寺と僧侶は直接交流をしながら〝あうん〟の呼吸の関係が築かれてゆくでしょう。

いずれにしても、突き詰めると、必要になるのは「お寺向けの僧侶派遣業」をより発展させた「お寺と僧侶のマッチング事業」なのかもしれません。

僧侶の能力より重要なのは関係性

では、どうやって相性のいい僧侶を見つけるか。

依頼主となるお寺の住職にとっては、自分のお寺の檀信徒の葬儀や法事を代わりのお坊さんにお願いするとなれば、お寺の檀家との数百年の信頼関係に連なってもらうことを意味します。単純に、提示された状況と必要条件に見合った僧侶を見つくろえばニーズが満たされるわけではありません。お経が上手いからといって、人柄が良いからといって、誰にでもおいそれとお願いできるということではないのです。

そこで最も重要となるのは、依頼する相手方僧侶の能力ではなく、「関係性」でしょう。

●お互いがお互いのこと（お寺の歴史や今の状況も含めて）をよく知っている

●人柄が良く、どんな相手にも気持ちよく接することができる
●身だしなみや礼儀作法もよく身につき、相手の求める距離感を理解できる
●お経や法話について、依頼主のお寺のやり方を踏まえてそつなくこなせる
●お互いに尊重しあい、長期的に相互円満な関係を築ける条件が整っている

このように、「本来の意味での僧侶派遣」が成立する条件を挙げてみると、ほとんど結婚紹介所のような様相を呈してくるのがわかります。

技術や作法はさることながら、条件に照らしてのマッチングは交際の入り口にすぎません。一緒に食事をして人生観や世界観を語り合ったり、お互いの寺を訪ねて周囲の人や環境を紹介し合ったり、何度か法事や葬儀を共に勤めてみたりして、初めて任せられるものでしょう。始めは不安を伴いながらも、一年、二年、三年と関係を続けていくことで、少しずつ不安は薄れ、強い信頼が生まれていく。真っ当なお寺において成立する「本来の意味での僧侶派遣」は、そういうものだろうと思います。

それは僧侶同士の〝婚活〟のよう

こうした「本来の意味での僧侶派遣」が立ち上がっていくためには「交際の入り口」を作る

ことが必要です。それは僧侶同士の〝婚活〟のようなもの。

色々なアイディアが生まれると良いですが、私が思いつくのは、「法要儀式の合同勉強会」です。依頼主となる住職にとって大きな心理的不安の一つは、自分の代わりとなる僧侶による葬儀の様子や本人の振る舞いが、一体どのようなものかということでしょう。葬儀において住職に期待される一連の役割をスキルアップするための勉強会を、様々な立場の参加者が抵抗なく参加できるしつらえで（〝婚活〟に参加する心理的ハードルを下げるのと同じ）用意してあげることが、良い入り口を作ることになると、思いませんか。

Point 9

企業組織に僧侶が必要になる時代が

モンクマネージャーを実践中です

二〇二一年に入り、とある企業を対象に集中的に「モンクマネージャー」の実践を行っています。

「モンクマネージャー」とは、直訳すれば〝僧侶による身心の調整者〟ですが、今から一年前に生まれた、集団や組織を対象にした僧侶派遣業の呼称です。

昨年春、ワシントンに自身の経営する法律事務所を持つ米国人の友人から連絡がありました。「業務に忙殺され、事務所スタッフは皆、否応なく殺気立っている。そこで、僧侶に駐在してもらうことで職場にマインドフルネス効果をもたらせないものだろうか」という相談でした。彼は、そんな僧侶派遣の形態をモンクマネージャーと呼び、私はその可能性を探るため、友人の僧侶に現地へ渡ってもらい、直ぐにスタートしました。その矢先、コロナ禍で実験はやむなく中止になりましたが、僅かな期間ながら、私はモンクマネージャーに確かな手応えを感じていました。

そして今、状況を変えてモンクマネージャーは再スタートし、日本の中堅企業を対象にリモートで働きかけるものです。

依頼主は創業百年を超える老舗メーカーで、カリスマ的な創業者の血を引く現社長のもと、全国三百名以上の社員の仕事に対する意欲は十分に高いようで、社長には、より社員に主体性を発揮して欲しいとの思いがありました。

これまで同社の経営改善に向けた「分析」を行ってきた友人の紹介で、社長とお会いする機会を何度か重ね、仏教的価値観を共有するなか「分析の先に、改善のためのソリューションを提供しよう」と、モンクマネージャーのオンライン導入に至りました。

話の内容は一切会社に知らせずに

具体的には、事前にスタッフ全員にアンケートで希望を募り、希望者にはそれぞれ一時間の「対話」枠を設け、モンクマネージャーはスタッフを相手に一対一の対話を行います。今回の実施は期間が定められていたため、人数を制限せざるを得ませんでしたが、アンケートでは全スタッフの三割以上の方が希望を示されていたとのことでした。

対話はズームを使ってリモートで行い、できるだけ誰もいない部屋で、落ち着いて話せる環境を用意してもらいました。対話の内容は、一切会社と共有しないのが大前提です。

「この時間に、結論やゴールはありません。あえていえば、目的の話で成り立つような会社の枠組みから離れ、目的のない時間を持つことが目的です。肩書や役割に縛られず、少しの間、気持ちが赴くままにおしゃべりをしてみましょう」

自己紹介と共にこのような感じで対話を始めると、実に様々な話が出てきます。私がマネージャーとしてやることは、単なるおしゃべりです。体験者の事後アンケートも実施していますが、私はあえて結果を見ていません。結果に触れれば、自らの意図が入り「単なる」おしゃべりはできなくなってしまいそうなのです。

ここまでの私の実感として、モンクマネージャーにできることは大いにあるという確信があります。一人一人、対話の展開の仕方は多様ですが、いずれもおのずから開かれ、何かしらの気づきがそこに生まれているのを感じます。本当は、誰もが、答えを自分の内に持っています。

組織の仕組みには、産業医、カウンセラー、メンター、コーチなど様々な専門家が配置されているものの、そうした役割にはすべからく意図があり、落としどころがあり、関わりの範囲が決まっているということ。また、組織が雇用主である限り、そこに組織の意図がはたらいたり、情報が渡るようなことも十分にあり得るという事実。そして、そうしたことをスタッフは皆わかっている、ということ。そこに、本来の声による対話が生まれるのが難しいのは明らかです。

直感的に、これまでの組織の人事施策やフレームワークを、根本から創造し直す未来が見えて来るように予感しています。もっともらしく語られる「最新」の企業施策のおかしさに、今、気付きます。未来の企業組織は、今まで私たちが当たり前と思い込んでいたものとは、全く別のものになるでしょう。

僧侶の持続可能な活動基盤として

このモンクマネージャープロジェクトは今後の僧侶のはたらきのあり方を変える可能性も充分にあると認識しています。一般に、地域密着型のお寺にある「月参り」と呼ばれる習慣。この、檀家さんのお宅を毎月訪問してお経をあげる習慣は、残念ながら、人々のライフスタイルの変化で急速に失われつつあります。自分のお寺のない私にとって、これまで月参りは無縁でした。しかし、私のような自分のお寺を持たない「ひじり」系の僧侶にとって、モンクマネージャーは、オンラインで定期的に訪問する月参りのようなものになり得ます。この取り組みが広がれば、持続可能なお坊さんの活動基盤の一つとなるかもしれません。

Point 10

布教とは伝えること　よりつなぐこと

二〇二一年内の出版に向けて、イギリスの哲学者、Roman《ローマン》 Krznaric《クルツナリック》 氏の著書『The Good Ancestor』の翻訳に取り掛かっています（二〇二一年九月発売『グッド・アンセスター　わたしたちは「よき祖先」になれるか』あすなろ書房）。昨年の秋、海外のオンラインセッションの場でローマン氏との対談の機会をいただいたのが、この本と出会ったきっかけです。私が本書に深い関心を寄せ、ご本人の快諾を受けて、この度、翻訳させていただけることになりました。

最近は同書の翻訳三昧の毎日で、仕事の合間を縫いながら、一日十時間以上の翻訳を日ごとに続けています。自ら望んで手掛けていることとはいえ、一度途切れると最後までやり切れる気がしないのは、どこかマラソンのようでもあって、今、走行しているこの流れの中で完走しなければという思いに駆られます。幸いにも、彼の綴る世界への興味関心は尽きることがなく、なんとか集中力を保てているものの、そうでなければ、景色の変わらない校庭で数百周走るような、なかなかの苦行であろうと想像します。今、三分の一を過ぎたあたりで最初の山場を迎え、未来の読者のことを思いながら、それをモチベーションに走り続けているところです。

というのも、本書自体が「目に見えない人のことを思い浮かべ、それをいかに自分事とするか」についてひたすら書かれているのです。翻訳作業は、一ページに一時間をかけて読書するようなものでもあって、否応なく、その感覚が段々と身についてきていると実感します。

注目すべきリンクワーカーの役割

そんな時、ふと、僧侶の仕事は「リンク」を作ることではないかという感覚が降りてきました。

僧侶の仕事はこれまでも、神仏や、亡き家族や先祖といった目に見えぬ存在とのつながりを作る手助けをすることでもありました。そして今、「まだ生まれぬ未来の世代」とのつながりを作ることが、時代の要請として重要となりつつあります。

これらが「目に見えないつながり」を作る仕事だとすれば、これまで以上に求められているのが、「目に見えるつながり」を作る仕事でしょう。

医師であり緩和ケアや在宅医療にも携わる西智弘先生の著書『社会的処方』（学芸出版社）の中で、英国の「リンクワーカー」を紹介されていました。ここでは、社会的孤立という現代社会特有の〝健康〟とはいえない状態を前にして、薬に代え「地域とのつながり」を処方しサポートすることを「社会的処方」(social prescribing) と呼んでいます。「地域における多様な活動や文化サークルなどとマッチングさせることにより、患者が自律的に生きていけるように支援するとともに、ケアの持続性を高める仕組み」であり、「医療者だけの仕組みではない。市民一人一人が、お互いに支え合い、地域で元気に暮らしていくための仕組み」とのこと。

ここに欠かせないのが「リンクワーカー」の存在であり、リンクワーカーは、「社会的処方をしたい医療者からの依頼を受けて、患者や家族に面会し、社会的処方を受ける地域活動とマッチングさせる」仕事を担います。日本でも徐々に、その認知は広まりつつあるそうです。現状、英国では主に医療従事者がこれを担っているようですが、リンクワーカーの役割を拡大発展させて多様な要素を巻き込みながら、お坊さんなど地域社会に根ざした宗教者が担うようになってもいいのではないかと思っています。

「分断の時代」にこそ宗教者の役割

未来の住職塾でも「布教とは、伝えることでなく、つながること」と話してきました。宗教や宗教者とのリンク作りのみならず、その人が今必要としている、あらゆる人、モノ、仕組みとのリンク作りでもあり、そこには、目に見えないものとのつながりも大切な要素として含まれます。

では、人が本質的に必要としているリンクを作るには、どうしたらいいのでしょうか。まずは、社会の仕組みを知り、どこに、どんな役割を担っている場所があり、そこではどのような人が、どんな働きをしているかを知っていくところからかもしれません。

そして、見えないものにアクセスしてつなげていくという過程においては、身近なところほど解像度の高い世界地図を心身に書き込み、感性を研ぎ澄まして日々の祈りを重ねていく——。抽象的な表現になりますが、そういったことのように思います。

今、どちらを向いても「分断の時代」という言葉が湧いています。何がどう分断されているかについては、誰も明確には答えられなかったりするものですが、「世界が分断の中にある」という感覚だけは、多くの人が共有しているのではないでしょうか。私たち一人一人が、本当に必要としている見えるリンクと見えざるリンクの上にあることが、今、求められる道であり、何気ないことのようですが、その手助けをすることがこれからの宗教者の役割のカギになりそうな気がしています。

Point 11

お寺の営みを「社会的処方」として

『「テンプルモーニング」アンケートから見る掃除と幸福度の関係』レポートが、蓮花寺佛教研究所の今年の紀要に掲載となりました。アンケートにあたっては、テンプルモーニングを実施されている全国各地のお寺の皆さまにもご協力いただき、ありがとうございました。研究成果は知人の研究者たちとも共有し、今後の発展の可能性を探りたいと思っています。

「自利から利他へ」の先にあるもの

ここ数年、社会の中で「利他」というワードをよく聞くようになりました。アカデミックな分野においても、たとえば東京工業大学では「利他プロジェクト」が立ち上がり、「利他」研究が進められています。私も一度その勉強会に参加させていただきましたが、研究成果は書籍化もされています（『「利他」とは何か』集英社新書、二〇二一年）。

従来の経済学が前提としてきた、「人間は利己的で合理的な生き物である」という考え方が問い直されているように、今、価値観のトレンドが変化しています。

かつて「自分のために、より快適に」へ向かっていた世の流れが、一見逆回転を始めているようにも見受けられます。しかし、これまで過剰であった「自利」の反動で、今、「利他」が強調されているだけであって、いずれ収まるところは「自利利他円満」でしょう。もちろん、世界は諸行無常ゆえ、あるときは自利に向かい、あるときは利他に向かい、止まるところはないのですが、結果的には自利利他円満をめぐって動的平衡に運動し続けるのだろうと思います。

たとえば、見返りを期待することは、「利他の押し付け」にもなり得て、作為的な関係にある利他は「利己的利他」ともいえます。本来の利他とは、自分も他者も幸福な状態にあることで、どちらかの犠牲の上に成り立つ幸福は見せかけの利他に過ぎません。

テンプルモーニングのアンケート結果を見ると、これを勧める理由に、「他者にもその喜びを与えたい」という抜苦与楽的な利他性が読み取れました。

大乗仏教が一貫して言ってきたのは、世界の本質的あり方は縁起／空であり、人間のあり方は徹頭徹尾 inter-being であるということ。そもそも「わたしのウェルビーイング」など存在せず、ウェルビーイングは常にわたしたちの上にのみ現れるということです。わたしたちは、縁起／空の中で都度（あるいは〝永遠の今〟に）立ち現れる inter-being（＝わたしたち）としてしか、この世にあることはできません。今、目先で見る「自利から利他へ」というトレンドの先にあるのは、自利利他円満であり、空なのでしょう。

僧侶も広義の「医療従事者」に…

「利他」と併せて、今、注目を集めつつある言葉に「社会的処方」があります。これは、ストレスや孤立などを感じている患者に対し、医師が薬の代わりにコミュニティ資源などを紹介し、生き甲斐や社会参加の機会などを提供する取り組みのことで、英国を中心に大きな動きとなりつつあります。

現在、日本政府は社会的処方の制度化に向けて議論を進めており、社会保障審議会（厚生労働相の諮問機関）では介護報酬への反映も視野に入れた議論が展開されています。

そこで思い至ったのは、「テンプルモーニングは社会的処方なのではないか」ということです。テンプルモーニングにコンセプトらしきものは特になく、ただ、朝のお寺でお経を読み、掃除をし、お茶をすする。それ以上でも以下でもありません。私はそこに、無限の広がりを感じています。

私は自ら「僧侶」を名乗りながら、それが何であるのかよくわからない場面も多いのが実情ですが、「人が元気になること」に関わっているという実感は確かにあります。僧侶という存在は、本質的に人に安養をもたらすところにあるのだろうと思います。

医療の概念が、ホリスティックなものや社会的処方へと広がりつつある中で、今、僧侶も広義の「医療従事者」として、そのアイデンティティと活動の軸を調整し直す段階にあるのではないでしょうか。今後、社会的処方の研究と社会実装が進むに連れて、お寺や僧侶の社会的価値も見直されるように予感しています。

たとえば、月に一度、僧侶が檀家さんのご自宅を訪問しお経を読む「月参り」。心身の衰弱や、生活力が落ち、心細い思いをされている高齢者の方が増える中、月参りの際に、掃除や身の回りの簡単なお世話も併せてできないものでしょうか。月参りを「社会的処方」として位置づけることができたなら、新たな景色が広がる気がしませんか。かつてハワイの仏教を取材した時に感銘を受けた「プロジェクト・ダーナ」の活動にも近づきます。

袈裟と作務衣、双方の役割が、これからいよいよお寺の外から求められる時代を迎えています。今回のテンプルモーニングのリサーチを契機に、その「社会的処方」としての価値の研究も進めてみたいと思っています。

誰にも開かれた
宗祖の法要は可能なのか

日本のお寺を形成する二階建て構造を「今」にアップデートしながら、本来の機能を充分に生かしていくには、それを成り立たせる構成要素そのものが更新されていく必要がある。いのちや人生を扱う単位を、「イエ（家）」という部分から全体性へ、「先祖（血縁）」から「祖先（限りのないご縁のつながり）」へ、枠のない、広くて深い時空間へ。

あらゆる「分人」を弔える環境を

今、お寺の一階、つまり先祖供養の機能を司る領域で起きているのは、人々の「イエ離れ」の結果として現れている、檀家という枠組み自体の崩壊です。

「絶家」という言葉も聞かれるように、世の中でイエ意識が縮小する中、この枠組みに固執している限りお寺の縮小は避けられません。必要なのは、檀家制度の礎にある「イエ意識」から離れることです。

仏教の縁起／空の思想でもいわれるように、人格は固定できるものではありません。関わる相手、身を置く場など環境によってあらわれる人格は変容します。そして、その関係性を含めたすべてをもって、はじめて一人の人間は成り立つものです。平野啓一郎氏は、これを、「分人（dividual）」と呼びました（『私とは何か――「個人」から「分人」へ』講談社）。かつて、人が亡くなれば村で執り行われる弔いの場に、故人を形成する様々な分人と関わりのあった人が参列し、それぞれのご縁に心を寄せながら、捉えきれない故人の全体性をもってその死を悼んだことでしょう。今、人々の生き方やパートナーシップがこれほど多様化しているにもかかわらず、それに逆行するように、コロナ禍により葬送のクローズド化は加速し、イエに関わる分人のみが弔われ、残される側においても、弔う機会はイエの内に限定されているのが現状です。

このように一人の「死」をめぐる環境がその全体性を欠いた状況にある今、お寺がやるべきことは、あらゆる分人を弔える環境と文化を創造し、再生することではないでしょうか。その時、分人に優劣をつけることはなく平等であっていい。今日のお墓制度では法律や社会制度も絡み「遺族（イエ）」の優位性は確かにありますが、「弔い」に関しては、もはや枠組みに縛られることはないでしょう。

宗祖の法要に新たな位置づけを！

仏教では既に、イエや血縁から解かれた法事が毎年盛大に執り行われてきました。宗祖法要はまさしくこれに当たり、「型」は身近なところに既にあるのです。

現在、宗派にとって最も大切な宗祖法要の意味合いは薄まりつつあるともいえます。法要自体が縮小傾向にある中、一般の方を集めようにも、宗祖とこれまでご縁のなかった方に「ご一緒に宗祖に報恩感謝いたしましょう」と呼び掛けるのには違和感がありますし、掛けられる人も応えようがないのが真実でしょう。一般の人にはなかなか心の寄せようがない。

だからこそ、私は提案したいと思います。宗祖法要を、宗祖を偲ぶ法要ではなく、誰もが、誰をも、偲んで良い法要に位置づけ直すことを。

「報恩講は、誰もが、誰をも、偲んで良い法要の場です。みなさんそれぞれに、あなたの大切な人に手を合わせ、心を寄せてください」――たとえば浄土真宗の僧侶が、こんな肌感覚で報恩講をご案内できれば、一般の人も身を寄せやすいのと同時に、単なる異文化見学的興味による参加にとどまらず、その人の精神性に触れる体験として、一歩踏み込んだご縁となり得るのではないでしょうか。

そして、その場を勤める僧侶が自ら、「私がここで心を向けるのは、親鸞聖人という御方です」と語り始めたその声は、広く、深くへ届くように思います。

これから、結婚・家族という形態を取らずに人生を送る人は増えていくことでしょう。従来の仕組みには当てはまらない形で深いつながりを築く人間関係は、如何様にもあります。徐々に、社会の制度も調整されていくはずです。

私の問題意識は、現代の日本仏教が、人の一生やその死を、「イエ」という枠組みで一面的に捉える装置として機能してしまっているのではないかということ。そして、行き詰まりを否めない今日の日本のお寺の問題の所在は、そこにあるのではないかということです。大乗仏教の縁起／空の視点をもってしても、人は、無数の関係性の中で分人的に存在しているといわれます。ですから、その供養の仕方も、死者（祖先）への想いの向け方も、分人的であっていい。それが理にかなっているとも、思うのです。宗祖法要を「誰もが〝私にとって大切な人〟を偲ぶ日」と位置づけ直して人々に広く開くことで、お寺の一階における「先祖から祖先へ」の一歩を無理なく踏み出すことができると思います。ポイントは、敢えて、各宗派が最も大事にしてきた場（宗祖法要）をこそ開くこと。正面から、思い切り踏み出すことです。

法要の中身を変える必要はなく、入り口と語り方を変えるということ。結果的に、宗祖法要は、おのずから今日的な意義を取り戻すはずです。

おわりに

約三年間の『月刊住職』誌上での連載が一冊の本にまとまりました。未来の住職塾で学んだ三十三カ寺の実践例と、塾長の松本紹圭による、これからのお寺のコンセプトになりそうな十二のポイント。こうして読み返してみると、提案したコンセプトを参考にしてくださっている実践があり、また同時に塾生たちの実践のチャレンジからコンセプトが磨き上げられていく。相互のはたらきの中で「これからの寺院コンセプト」が形作られていることがわかりました。

私たちがいくら概念を考えたとしても、実践されなければ机上の空論に過ぎません。全国各地でメッセージを受け止め、自坊の活動に取り入れてくださるからこそ、一冊の本にまとまるほどの智恵が集積されたのだと思います。取材に協力してくださった寺院の皆さん、本当にありがとうございます。この場を借りてお礼を申し上げます。

ではなぜ、寺院の「これから」を考えなければならないのでしょうか？　「これまで」続いてきたお寺は「これから」も安定的に存在し続けるのではないのか？　そう思われるかもしれません。しかし、未来の住職塾の門を叩く多くの方は、危機感を抱いています。少子高齢化、人口減少、寺離れ、墓じまい、そして本書で何度も出てきたパンデミックの影響。特に二〇二〇年から二〇二一年にかけ、これほどまでに「諸行無常」の四字を意識した年はなかったかと思います。寺院も決して「持続可能である」とはいいきれないのです。

そこで私たちは、この先百年後も地域にお寺が存在し続けて人々の抜苦与楽に貢献していくためにはどうあるべきか？　ということを、塾生たちと手を取り合いながら十年にわたり探求し続けてきました。お寺によって環境は千差万別なために、定石といえるような方法はありません。でも本書に収録された三十三もの実践から、いくつかは読者の皆様のお寺にも参考となる要素が含まれているのではないでしょうか。何かピンとくるアイデアがあれば、トライアンドエラーの精神でご自身の実践をなさってみて、成功も失敗も含めた実践の顛末をお聞かせいただけたら嬉しいです。その一歩から始まります。

また、コラボレーションも重要です。たとえば、民間企業に取って代わられた役割を寺院の手に戻していくなど、一つのお寺ではなし得ないような取り組みは寺院間のネットワークや専門家との連携が鍵となってきます。本書でご紹介した実践の中にも、連携により可能性を開いた事例がいくつもありました。様々な人とのつながりを増やすためにも、どんどんお寺から外に出ていくことも大切な役割です。

最後に、みんなに喜ばれるお寺になるための一番の秘訣は「自分が楽しむこと」これに尽きるような気がします。自利利他円満。住職や寺族が暗い顔をしていては、関わる人たちも嬉しくありません。特に住職は孤独になりがちですし、お寺の女性たちは忙しさで目のまわるような日々を過ごされています。お寺の全員が一斉に休むのは難しくとも、交代制で週に一日は完全オフの日を設けるなど「セルフケア」の方法を整えることが、何よりも最優先すべきアクションかもしれません。

本書をお読みになられた皆さんが健康で楽しくお寺を預かり、関わる人たちを笑顔にするようなお寺として「持続可能である」ことを願って。

一般社団法人未来の住職塾　遠藤卓也

著者紹介

松本 紹圭 まつもと しょうけい

1979（昭和54）年北海道生まれ。東京大学卒業。東京・神谷町の浄土真宗本願寺派光明寺僧侶。インド商科大学院でＭＢＡ取得後、一般社団法人「未来の住職塾」を設立し代表・塾長。10年間で700名以上の宗派や地域を超えた卒業生を輩出。著書『お坊さんが教えるこころが整う掃除の本』は世界17カ国余で出版。Podcast「テンプルモーニングラジオ」配信中。

遠藤 卓也 えんどう たくや

1980（昭和55）年東京都生まれ。立教大学卒業。2012（平成24）年より一般社団法人「未来の住職塾」の運営に携わる。19年同塾・松本紹圭塾長との共著で全国の寺院活動の事例をまとめた『お寺という場のつくりかた』を出版。僧侶の研修会でも活躍中。

〈未来の住職塾〉ホームページ
http://mirai-j.net

初出誌
本書は『月刊住職』（興山舎刊）の2019年１月号から2021年９月号までの連載をもとに加筆、編集したものです。

みんなに喜ばれるお寺３３実践集
―これからの寺院コンセプト

2021年12月８日　第１刷発行

著者Ⓒ　松本 紹圭／遠藤 卓也
発行者　矢澤 澄道
発行所　株式会社 興 山 舎
〒105-0012 東京都港区芝大門1-3-6
電話 03-5402-6601
振替 00190-7-77136
https://www.kohzansha.com/

印刷
製本　株式会社 上野印刷所

ISBN978-4-910408-15-6　C0015
定価はカバーに表示してあります。
落丁・乱丁本はお手数ですが、小社宛にお送りください。
送料小社負担にてお取り替えいたします。